Carlos Trujillo Ampuero

TODO ES PRÓLOGO

Introducción de
Iván Carrasco Muñoz

Todo es prólogo
Copyright © Carlos Trujillo Ampuero
Derechos reservados.

Se prohíbe la reproducción, almacenamiento o transmisión de cualquier parte de este libro en manera alguna ni por ningún medio sin la autorización previa de la editorial. Se autoriza la reproducción de citas cortas para críticas o ensayos, identificando claramente la publicación y la editorial.

Publicado por:
Ediciones Nuevo Espacio,
colección Gutenberg
Diciembre, 2000
New Jersey 07704, USA
Foto de la contra-portada: Carla Trujillo

url: http://www.editorial-ene.com
e-mail: ednuevoespacio@aol.com

ISBN: 1-930879-25-3

A Custodio y Clarisa, siempre cerca
A Aydé, Silvia, Carla y Pablo,
siempre en mí,
Al eco de la montaña,
permanente presencia

Poesía Chilena en Chiloé:

CARLOS ALBERTO TRUJILLO

Iván Carrasco Muñoz

POESIA CHILENA EN CHILOE: CARLOS ALBERTO TRUJILLO.[1]

1. Voces y tendencias de la poesía actual

A comienzos de la década del 70, el escenario de la poesía chilena estaba copado por un nombre, hegemónico, venerado, indiscutido: Neruda. El era "el poeta de Chile" para la opinión pública. Cuando falleció en 1973 se pensó que la poesía había muerto con él.

Sin embargo, no fue así. El brillo impresionante y legítimo de la imagen nerudiana velaba la presencia de una pluralidad impresionante de voces, de tendencias, de grupos. Junto a Neruda escribían poetas de otras edades, proyectos y posiciones estéticas, como Nicanor Parra, Juvencio Valle, Humberto Díaz-Casanueva, Braulio Arenas, Eduardo Anguita, Gonzalo Rojas, tras quienes aparecen las arquitecturas de la antipoesía, del surrealismo, del creacionismo, del bucolismo, del realismo social, etc. Junto a ellos, poetas, de la promoción siguiente, como Armando Uribe, Jorge Teillier, también ellos, nombres perfectamente reconocidos. Además, ya estaban apareciendo los jóvenes y grupos que formarían la generación del éxodo, Jaime Quezada, Manuel Silva, Oscar Hahn, Floridor Pérez, Gonzalo Millán, Cecilia Vicuña,

---

[1] Este trabajo constituye las reformulación de un artículo publicado en la *Revista Chilena de Literatura*, 34, de 1989, con el título "Carlos Trujillo: poesía de la dificultad de vivir," e incorporado como prólogo en *Mis límites. Antología poética (1974-1983)*. En su versión actual forma parte del proyecto 1951072-95 de FONDECYT. Fue publicado por primera vez en Jorge Torres (ed.) *Por el territorio de los límites. Aproximaciones a la poesía de Carlos Alberto Trujillo*, pp. 57-74.

Oliver Welden, Waldo Rojas, Alicia Galaz, Omar Lara, José Angel Cuevas, y tantos otros, incluso Juan Luis Martínez y Raúl Zurita, agrupados en Trilce, Arúspice, Tebaida, Espiga, la Tribu No, la Escuela de Santiago, Pala. Nuevas formas genéricas, discursivas, estilísticas, se abrían paso, como la poesía de los lares, el experimentalismo neovanguardista, el textualismo autorreflexivo, la lírica religiosa apocalíptica, etc. Estas modalidades poéticas se mantendrían y desarrollarían durante gran parte de la dictadura militar, confluyendo con las nuevas orientaciones del neovanguardismo, la testimonialidad de la contingencia, la poesía de género desde lo femenino y la lírica etnocultural, con sus nuevas voces, tonos y lenguajes: Juan Cameron, Rodrigo Lira, José María Memet, Rosabetty Muñoz, Carmen Berenguer, Heddy Navarro, Eduardo Llanos, Jorge Torres, Mario Contreras, Jorge Montealegre, Elvira Hernández, Clemente Riedemann, Leonel Lienlaf, Elicura Chihuailaf, Juan Pablo Riveros, Sergio Mansilla, Soledad Fariña, Verónica Zondeck, Aristóteles España, y muchos más. La presencia permanente y fluctuante de Gabriela Mistral, Vicente Huidobro y Pablo de Rokha envuelve con sus tonos inconfundibles la complejidad de esta algarabía inusitada, de esta Babel fantástica y sin límites.

Desde entonces, el proceso de la poesía chilena se ha ido diversificando, redistribuyendo sus ejes, complicando las líneas de evolución e influencia, intensificando la variedad de lenguas, de estilos, de temas, y de metalenguas expresas o semidichas, descubriendo otras regiones, reformulando los antiguos esquemas. En este panorama caleidoscópico que es la poesía chilena de la última década, la voz de algunas provincias sureñas se ha elevado para proclamar su especificidad, su independencia, su invasión de los terrenos ya conquistados para encender sus fogatas, levantar sus rukas y sus palafitos. El archipiélago de Chiloé se ha lanzado al mar para iniciar su navegación definitiva por las aguas, los fiordos y los abismos de la literatura nacional.

A partir de 1975, la poesía de Chiloé se instaura como una instancia libre y decidida de reflexión y resistencia cultural frente al proyecto ideológico del gobierno autoritario, a través de la valoración, defensa e integración de la identidad regional. Esta literatura transforma el sistema tradicional de la cultura chilota, pues desarrolla el espacio de la escritura como una alternativa contemporánea a la oralidad propia del folklore, que había sido el medio expresivo verbal de mayor prestigio y proyección. La poesía asume la problemática básica del folklore literario y musical de Chiloé, lo transforma y lo sobrepasa al apropiarse de muchos de sus procedimientos, preocupaciones y formas, pero formando parte ahora de un sistema más amplio y complejo al incorporar nuevas temáticas, puntos de vista y estrategias expresivas. De este modo, se integra como una faceta más del entramado de la poesía actual, rompiendo el aislamiento, la marginación y la desvaloración, al mismo tiempo que construye en esta interacción su propia peculiaridad textual y cultural.

Factores decisivos en la reconfiguración y desarrollo posterior de la poesía de Chiloé lo constituyen la obra literaria, crítica y pedagógica y la actividad cultural de Carlos Alberto Trujillo y del Taller Aumen.

2. El autor y su obra

Carlos Alberto Trujillo Ampuero (Castro, 1950) es el fundador de la poesía contemporánea de Chiloé, junto a otros escritores y artistas que realizaron una fecunda labor literaria y cultural durante las décadas del 70 y del 80, sobre todo Mario Contreras y el Grupo Chaicura, y escritores más jóvenes a quienes les enseñó el oficio y les abrió un espacio de formación, expresión y esperanza.

Trujillo inició su obra en 1974 con la creación del Taller Aumen, en colaboración con el poeta e investigador Renato Cárdenas. Aumen ha sido tal vez la mejor escuela contemporánea de poetas por su constancia y seriedad. Allí se han iniciado o formado diversos autores, como Sergio Mansilla, Sonia Caicheo, José Teiguel, Oscar Galindo, Jorge Velásquez, Ramón Mansilla, Nelson Torres, Mario García, Jaime Márquez, el propio Cárdenas, y también encontraron diálogo abierto y cordial, apoyo o trabajo compartido, otros escritores de Chiloé, como Rosabetty Muñoz y Mario Contreras, y de otros puntos del país. El Taller Aumen, "voz de la montaña" en lengua veliche, mantuvo por casi diez años una publicación con su nombre, en la cual aparecieron textos de todos los poetas de Chiloé y de otros que participaron en su quehacer; organizó recitales, lecturas poéticas, y otras actividades, entre las cuales destacan el Primer y el Segundo Encuentro de Escritores en Chiloé, en 1978 y 1988, respectivamente. Además de grupo, Aumen ha sido publicación periódica y sello editorial, tanto de libros de literatura, como de carácter más general sobre la cultura chilota, como *Apuntes para un diccionario de Chiloé*, de Cárdenas y Trujillo, en 1978.

Carlos Alberto Trujillo es Profesor de Castellano y Doctor en Literatura. Sus estudios de pregrado los realizó en la Sede de Temuco de la Universidad de Chile, donde se tituló con un seminario sobre Ernesto Cardenal, y su postgrado lo obtuvo en la Universidad de Pennsylvania, con un estudio aún inédito sobre la poesía del sur de Chile.

Además de sus poemas aparecidos en la revista *Aumen* y otros lugares, Carlos Trujillo ha publicado seis libros de poesía: *Las musas desvaídas*, 1977 (Quillota, El Observador-Aumen, introducido por mis "Primeras notas sobre la poesía de Carlos Alberto Trujillo"); *Escrito sobre un balancín*, 1979 (Castro, Ediciones Aumen, con nota en la contraportada de Jaime Quezada); *Los territorios*, 1982 (Castro, Ediciones Aumen); *Los que no vemos debajo del agua*, 1986 (Santiago, Editorial Cambio); *Mis límites. Antología de poesía (1974-1983)*, 1992 (Castro/Santiago, Ediciones Aumen; selección y estudio de Iván Carrasco M.) y *La hoja de papel*, 1992 (Castro/Santiago, Ediciones Aumen). Todavía no ha llegado al volumen la serie de Sonetos compuestos por Lope Sin Pega, el Fénix de los Cesantes[12], textos mordaces y patéticos sobre la contingencia socioeconómica y política durante los últimos años de la dictadura militar en Chile, que ha ampliado su temática en la referencia a los avatares del período democrático posterior sin perder su ironía ni su gracia. También es destacable su actividad investigativa de la cultura de Chiloé, que le ha permitido recopilar diversos textos y, junto con el diccionario ya citado, publicar con Cárdenas, *Caguach, Isla de la Devoción. Religiosidad popular de Chiloé*, (LAR Ediciones, 1986). Del

---

[12] Nota del editor: *No se engañe nadie, no. Antología de sonetos y otros poemas de Lope Sin Pega*, fue publicada por Mosquito Editores en 1999.

mismo modo, resulta meritoria la creación de la revista *Textos. Creción y crítica*, en Estados Unidos.

La actividad literaria de Trujillo ha sido reconocida en Chile con el Premio Pablo Neruda, otorgado en 1991, con la aparición de sus poemas en diferentes antologías tales como la de Soledad Bianchi y la de Scarpa, Arteche y Massone, y el estudio de su obra en tesis académicas de pre y postgrado, en artículos periodísticos y especializados y en libros como el de Zelda Irene Brooks, *Carlos Alberto Trujillo, un poeta del sur de Sudamérica*, aparecido en 1991 en Estados Unidos, y *Por el territorio de los límites. Aproximaciones a la obra de Carlos Alberto Trujillo*, editado por Jorge Torres, y aparecido en Chile en 1996.

3. *Una poesía reflexiva y autorreflexiva*

La escritura de Trujillo no surge de la espontaneidad del sentimiento, sino de la conciencia y el conocimiento del oficio literario. Esta actitud se manifiesta tanto en su metalengua inducida en entrevistas como en su variada producción metapoética.

Su concepción de la literatura revela un marcado acento ético. Ha dicho en una entrevista hecha por Guido Eytel y Elicura Chihuailaf: "Acepto las actitudes, las posturas de los otros poetas, pero mi posición es la siguiente: el poeta debe ser un hombre honesto y esa honestidad debe reflejarse en todos sus actos. Creo que el poeta debe ser un cronista de la realidad, lo que no significa que deba limitarse solamente a describir lo que sucede. Hay una crónica espiritual, sentimental, intuitiva. El poeta debe ser un testigo de su época. Y un testigo participante, que no debe agachar nunca la cabeza" (*Poesía diaria* 1:12). Aquí la poesía se define como una tarea análoga a la del antropólogo, la participación en la vida cotidiana de su sociedad, para dejar un testimonio experiencial de ella. Ello implica la percepción lúcida del oficio del poeta, de su relación con el arte y la vida, del modo de enfrentar algunos problemas técnicos de la expresión, etc.

Un fenómeno análogo se encuentra en sus poemas. El sujeto lírico predominante en ellos es un hombre común, lo que es habitual en la poesía contemporánea, pero que se caracteriza por escribir versos y sentirse poeta. Ello es visible ya desde su primer volumen, *Las musas desvaídas*, donde el sujeto aparece consciente de su condición de escritor: entre las treinta "Imágenes" que aparecen, hay cinco que se refieren a la poesía y una al acto de leer. La primera, por ejemplo, dice "Mis versos se transforman en un abracadabra secreto", otra "La poesía se resfrió con mis versos a la lluvia"; a esta postura agresiva y coloquial, se oponen estos becquerianos versos: "Mi poesía nació/ en una mirada tuya". Esta contradicción inicial entre concepciones antagónicas de poesía demuestra el anhelo de resolver el problema de la creación poética.

La preocupación por definirse en el texto como poeta, aprehendiendo la significación del objeto buscado que le da sentido al oficio de escribir (la poesía), se mantiene a través de la obra de Trujillo. Así, en su segundo libro, se aleja decididamente de la concepción romántica, para continuar su aprehensión antipoética de ella: LA POESIA/ ES UNA CANALLADA/ AL SENTIDO COMUN"; "TRATAMOS DE VIVIR LA POESIA/ la realidad nos mira con ojos de ciego"; o

    Empiezo a familiarizarme
    con la idea

14

de que la poesía
nada tiene que ver con los poetas

Los Territorios, donde se sitúa el "Territorio del poeta", se abre con un epígrafe también vinculado a la dimensión metapoética de la obra de Trujillo: "el territorio del poeta/ es un pájaro/ anclado en el corazón". Este discurso complementario apunta decididamente al carácter personal de la experiencia poética: el territorio de la poesía (es decir, el ser de la poesía: "Cada ser es un territorio por derecho propio") reside en la capacidad "cordial" del ser humano y de la escritura, la capacidad de "sentir el mundo", no sólo de comprenderlo y vivirlo, sino también de reaccionar afectivamente frente a él. La poesía está en el corazón, en la posibilidad de interiorizar el mundo en la conciencia singular del poeta, mediante el lenguaje artístico.

El poema "Territorio del poeta" ahonda en este sentido general, precisando el carácter ético-social de la tarea de escribir: "El poeta habita en el cielo en la tierra y en todo lugar pero no toda manera de vivir es vida como no toda verdad es verdad ni todo hogar cuenta con pan y fuego con fuego y pan y el techo a veces es sólo una ventana inmensa abierta al infinito que también se cubre de nubes y lo empaña todo como una mala toma del camarógrafo de turno". Es por eso que el poeta sólo puede vivir en paz en su propio territorio, que ha hecho suyo a fuerza de tiempo y sangre, pero su tarea es buscar bienes para todos los hombres: la paz, la verdad, la esperanza. En otras palabras, la poesía debe ser solidaria con la empresa de construir un mundo mejor para todos, "el nuevo territorio de los hombres". La misión del poeta trasciende la dimensión del texto, pues su proyecto se sitúa en la dimensión del hombre:

          Hacer de yo -territorio
                    tú -territorio
                    él -territorio
          nosotros -
                    un gran territorio sin velos ni cortinas
                    ni murallas que apaguen el fuego de las
          voces
                    hasta territorializar el universo como una
          gran verdad
                              ("Territorio de la verdad")

Este proyecto supone en el escritor un comportamiento consecuente con su concepción del oficio; el valor que debe regir la conducta poética según Trujillo es, como ya sabemos, la honestidad.

Este es el factor que personaliza y define la crónica de lo real en la poesía de Trujillo (así como el amor lo es en Cardenal, el cuestionamiento absoluto en Parra, el materialismo dialéctico en Neruda); la honestidad es el modo de participar poéticamente como testigo en la aventura de vivir en forma profunda y solidaria, "sin agachar la cabeza".

En *La hoja de papel* se desarrolla de manera notable la dimensión autorreflexiva de la poesía de Trujillo, El libro está dividido en dos partes, "Hojas sueltas" y "La hoja de papel". El objeto común de todos los poemas es el conjunto de actividades, tópicos e incluso objetos propios del acto de escribir poesía. La hoja de papel, imagen tradicional y prestigiosa de la escritura poética, casi un símbolo de ella, es sometida a un proceso de personificación y desacralización que la transforma en una entidad muda, ridícula, intrascendente, al mismo tiempo que ambigua y peligrosa.

El conjunto se abre con una reflexión que sitúa exactamente la orientación del mismo: "Acerca del oficio", en el cual el autor expresa el carácter obsesivo, complejo, ominoso casi, de la actividad de armar una estructura de palabras sobre la hoja plana: "ordeno las palabras en este interminable rompecabezas/ Y a veces quedo adentro/ Sin encontrar la puerta de salida". También la terrible imposibilidad de escribir en algunos momentos, eje de frustraciones y neurosis, aparece poetizada en este texto:

veinte días después, en la mañana,
cuando abro el cuaderno simplemente
me encuentro con el poema que nunca hice
y que ha dejado intacta esa hoja en blanco.

Este estilo epigramático, característico de grandes zonas de la poesía de Trujillo (como puede verse por ejemplo en "Aquí entre nos plagiándome a mí mismo/ y aparentando novedad total/ descubro el verso aquel que es este mismo") le permite al autor replantear el motivo mallarmeano de la página en blanco, que nos remite al proyecto del texto absoluto. Sin embargo, éste es tratado más bien antipoéticamente en el texto 4 de los "Temores diurnos", parodia y desencanto del grandioso sueño simbolista del Libro, que es reemplazado por un artefacto mecánico que convierte la magia órfica de la creatividad del lenguaje en una simple combinatoria mecánica: "Acudo a la máquina de escribir/ Sabiendo que en sus tipos se encuentran todos los poemas/ Tecleo y los busco día y noche..."

También los problemas de la relación entre el acto escritural y la referencia, la realidad, el no texto y la ficción ("Estaciones"), la ilusión de realidad provocada por el texto ("Como si estuvieras te hablo/ Y mis palabras hacen/ Que yo te vea allí"), algunos aspectos físicos del proceso de escribir, como el hambre que desbarata proyectos y posibilidades de creación ("Escribiría mucho más...") o el ruido del tecleo ("Como un galope en la hoja"), la falta de papel para desarrollar, ampliar o simplemente completar un texto ("Tres líneas"), las limitaciones materiales de la página o de la hoja que se transfieren a la sensibilidad del poeta ("La hoja de papel"), son algunos de los aspectos de la escritura que salen a nueva luz bajo la agresiva, irónica y casi cruel lucidez de la poesía de Trujillo.

La autorreflexividad se exacerba mediante tres elementos. Por un lado, la reescritura conjuntiva, parafrásica, de poemas de otros autores (tal como lo había hecho Gabriela Mistral y lo había practicado Trujillo en *Los que no vemos debajo del agua*: "Mañana del 21 de agosto leyendo a Cavafis"), como vemos en "Leyendo a Cardenal" y "Becqueriana". Por otro lado, la reescritura de sí mismo, que me parece el colmo, el sumum, la apoteosis, de la autorreflexividad, y reproduce bien la imagen del poeta atrapado por la hoja de papel que caracteriza a este conjunto. Trujillo la lleva a la práctica en el poema "CHILE 1985":

> Me miro en el té de la vieja taza de loza
> como en otro poema
> y ahora no me veo
> ni veo el poema
> reflejado en el té de la taza
> ni el mantel
> ni la taza
> ni el té
>
> y sobre la mesa
> sólo una miga de pan
> y una orden de remate.

Este poema constituye una mirada meditativa y al mismo tiempo nostálgica, es decir, mimética, reproductora, del texto "Transparencias", que forma parte de la sección "Los que no vemos debajo del agua" del libro homónimo, que expresa el ambiente de miedo, amenaza, desesperanza e incertidumbre provocado por la dictadura militar en Chile:

> Me veo reflejado en el té
> de la vieja taza de loza"
> y no soy yo el que mira
> es el rostro reflejado en el té
> de la taza de loza
> quien observa a los ojos
> perplejo
> a sus reflejos igualmente perplejos
> en cada uno de los ojos
> que miran la taza.

¿Qué mejor ejemplo de la actitud de "plagiarse a sí mismo" según las propias palabras del autor?

El tercer elemento es la inclusión de una serie de hojas en blanco al final del libro como una incitación al lector para que escriba en ellas y, por tanto, intervenga en el espacio de la escritura de Trujillo y transforme su texto en obra abierta, según la feliz intuición de Umberto Ecco. Este procedimiento amplía y transforma el status del lector, invitándolo o desafiándolo a asumir el rol de escritor en un espacio ajeno que debe hacer suyo, completando el circuito textual y cerrándolo en torno a sus propios límites. Al mismo tiempo, como lo habían hecho Michel Quoist en sus *Oraciones para rezar por la calle* y Juan Luis Martínez en *La nueva novela*, actúa en el nivel pragmático no textual del lector empírico, que transmuta en autor textual por medio de la ambigüedad maravillosa del texto poético.

Estas "Hojas en blanco" forman un subconjunto de "La hoja de papel" y están presentadas expresamente como tales; la primera lleva un complemento muy preciso, un breve discurso que parodia el lenguaje pedagógico: "**Tema de redacción**: El papel del papel en la poesía". Las siguientes se llaman simplemente "hoja en blanco", y la última agrega un también breve discurso explicativo burlesco y, a lo mejor, satírico: "(Cualquier lector-redactor-crítico-criticón o estudioso de la poesía puede agregar las hojas que sean necesarias para la elaboración del trabajo y que el poeta acusador y/o acusado no incluyó por falta de papel)".

Pienso que los textos de este libro revelan de manera irrefutable la madurez poética y el dominio del oficio textual de Carlos Alberto Trujillo, pues aparte de esta evidente condición autorreflexiva, se vinculan sutilmente con el resto de su obra a través del sentido lúdico, irónico y paródico, por ejemplo, con los sonetos de Lope Sin Pega y con sus poemas epigramáticos distribuidos a lo largo de sus libros. Pero, al mismo tiempo, a través de marcas verbales escasas, polisémicas y estratégicamente situadas, con dos situaciones más. He dicho que el libro está formado por dos secciones. Pues bien, la primera, "Hojas sueltas", tiene un subtítulo entre paréntesis, "(Filadelfia, 1989-1991)" y la segunda, "La hoja de papel", uno análogo: "(Castro, 1983)". La indicación del lugar de escritura y referencia de los textos junto a sus respectivos conjuntos de poemas, colocados en forma de contrapunto, nos sugiere el sentido de la representación de un mundo cerrado en sí mismo, en su exclusivo ser textual, artificial y enajenado del extratexto, que se mezcla con alusiones a hechos referenciales propios del mundo no textual. Esa contradicción revela la crisis íntima del autor, que siendo chileno y chilote debe vivir y escribir en un medio ajeno que siente ajeno, por lo cual debe concentrarse y, en cierto sentido refugiarse, en la hoja de papel (la escritura, la condición poética, la vivencia estética) para sobrevivir como ser humano. Y al mismo tiempo, connota su situación etnocultural: las dos unidades básicas del libro señalan expresamente que su existencia se debe a una situación de culturas en contacto, la norteamericana y la chilota, que al interactuar en la subjetividad del autor le han dado origen. Es curioso observar que esta misma disposición se encuentra en otros dos poetas que incluyen una dimensión etnocultural en su escritura, Clemente Riedemann y Sergio Mansilla, en sus libros recién aparecidos en 1995, *Karra Maw'n y otros poemas* y *De la huella sin pie*, respectivamente.

4. *Los límites del "humano territorio"*

La experiencia básica que articula amplias zonas de la poesía de Carlos Alberto Trujillo, más allá del orden interno de sus volúmenes, es la dificultad de vivir, de realizarse en la existencia, la percepción de los diversos tipos de problemas que debe enfrentar un hombre para vivir en sentido cabal; es la experiencia de quien se siente oprimido por entidades, hechos y circunstancias que no dependen de él y cuyo contacto o presión no puede evitar, por lo que sus afanes de proyección personal, de libertad, de realización de anhelos y de expectativas, resultan permanentemente obstaculizados por toda clase de límites. Implica, pues, una forma de sentirse marginado también de la existencia, no sólo de la sociedad y la cultura.

En *Escrito sobre un balancín* encuentro dos ejemplos claros de esta disposición espiritual; el primero es:

> Nací hace veintiocho años
> y todavía este mundo
> me parece
> una casa de huéspedes.

Esta sensación de orfandad, de ajenidad, no es nueva, sin duda, en nuestra literatura, sobre todo desde la poesía de carácter existencial de Huidobro en adelante; lo interesante en el caso de Trujillo es que coincide con su vivencia del marginamiento sociocultural. El segundo ejemplo, tan intenso como el anterior, es éste:

> Entré a la vida
> como por descuido
>   del portero
> pero debí quedarme
>   y pagar
> todas las consecuencias.

Este sentimiento adopta la forma de una angustia existencial en los primeros libros, manifestado a veces de modo serio y otras con ironía. En *Los Territorios* se produce un cambio significativo; el autor trata de precisar esa sensación confusa, pero no en términos de una perspectiva o explicación racional, científica o filosófica, sino de una imagen: el hombre es definido como un territorio, imagen sugerente y concreta. No es una concepción espacial de lo humano, sino más bien una imagen espacial que connota los límites de toda existencia, proyecto o instancia de lo humano.

Cada ser no sólo es dueño de su territorio en cuerpo y alma, sino que, además, cada ser es un territorio por derecho propio. Surgen así, el territorio del hombre, del poeta, de la esperanza, de la libertad, de la palabra, de la verdad, del tiempo. La imagen de lo real como un territorio no es, en sentido estricto, una visión espacial, menos todavía una concepción geográfica: es la percepción de lo real como un conjunto de entidades limitadas, es la conciencia de los límites de los seres existentes, de la limitación de todo vivir humano. Sin duda, esta percepción surge no sólo de la situación de marginalidad que el poeta ha intuido, sino también de la preocupación por el hombre y la existencia.

Trujillo define el "territorio del hombre" como el hombre multiplicado por todos los seres que habitan el planeta. Pero también sabe que "el hombre vive marginado por leyes de territorialidad y los ojos dejan de ser ojos para transformarse en candados y las manos dejan de ser manos para transformarse en gritos y el alma es un grillo cantando solo por las noches y nadie escucha y los cinco sentidos se precipitan hacia el no territorio como un volcán ciego erupcionando recuerdos y futuros en una clase magistral de silencio domesticado como un canguro nuevo mientras desde la tierra encanecida de repente como una erupción mínima nace la flor de un nuevo alfabeto para el hombre."

Todo territorio es tal porque tiene límites. Y la marginación es uno de sus límites más definidos. Por ello, la esperanza es un territorio que no aparece en los mapas físicos ni políticos de los países, ni en las constelaciones, ni en las láminas del cuerpo humano. "La esperanza es el territorio sin dueño que despierta cada mañana más temprano que la luz y se esconde en la mochila invisible que pesa sobre nuestras espaldas como el sello de agua anónimo en los billetes de banco". No es flor ni hoja ni golondrina, es "una capa de luz cubriendo nuestros cuerpos desnudos."

Y la libertad es sólo una palabra, limitada por otras en el *Diccionario de la Lengua Española de la Real Academia*, y la verdad, un territorio limitado al norte, al sur y al este por la mentira, y al oeste por el infinito sin horizontes. Y el tiempo, el territorio que limita todas las dimensiones del hombre.

En el cuarto de sus libros, Trujillo asume la condición de un modo de ser caracterizado por la limitación: los que no vemos debajo del agua. Ver debajo del agua es una expresión propia del habla popular que se refiere a una cualidad excepcional de algunas personas, la de sobrepasar las limitaciones cognoscitivas del hombre común para percibir lo que otros no pueden ni sospechar; los que ven debajo del agua son seres superiores por su agudeza, inteligencia, clarividencia, habilidad para prever y adecuarse a las situaciones y sacar provecho de ellas. El poeta no pertenece a esta clase de seres. Al contrario, reconoce ser limitado. Por ello el poema que explícitamente sirve de introducción al conjunto, se llama "Mis límites o fronteras personales". Ya el título caracteriza al sujeto como un ser relativizado y determinado por su ausencia de plenitud. Desde los primeros versos, declara su condición:

Yo limito

Yo limito y por limitar con cada hora
cobijada en mis manos
soy desde el mismo nacimiento
mi propio y más terrible límite

A diferencia del ego expandido de los poetas vanguardistas y postvanguardistas (Huidobro, Neruda, De Rokha, Del Valle, Díaz-Casanueva), del yo degradado de los antipoetas y cuestionadores de la poesía (Parra, Lihn), del yo escindido de los neovanguardistas (Martínez, Zurita), el yo de la lírica de Trujillo se reconoce a través de un rasgo propio de la condición humana normal: su limitación como ser biológico y temporal. La visión del hombre que aquí prevalece es la de un ser múltiplemente condicionado, por su propia conformación material, por el tiempo, el espacio, los demás y por él mismo. Este texto es un patético y honesto reconocimiento de esta verdad inevitable: somos hombres, y por ello mortales, débiles, limitados. En consecuencia, el acto de lenguaje que genera el poema es una confesión, un acto de comunicación signado por la humildad y la sinceridad, para liberar el corazón de esta terrible verdad y encontrar comprensión, apoyo, fraternidad, en este caso, en el lector.

Coherentemente, el poema está organizado en forma cerrada, para evitar cualquier proyección o apertura hacia ámbitos metafísicos o puramente formales; consta de seis momentos análogos, cada uno de ellos constituido retóricamente por dos elementos: una anáfora, que es la expresión "Yo limito", seguida por un conjunto variable, de carácter reiterativo, paralelístico, explicativo.

El primero, ya citado, es una especie de etopeya (descripción del aspecto psicológico y moral de una persona) que define el ser del poeta. Desde el segundo al quinto están constituidos por una enumeración de elementos con los cuales el poeta limita: objetos domésticos (sillas, mesas, huellas de labios en los vasos, suspensores, los primeros zapatos, etc.), entidades legales (los RUN y RUT, decretos, relegaciones, exilios, certificado de defunción, libretas de seguro, etc.), su propio cuerpo (sus costillas, ojos, orejas, olfato, tacto), elementos religiosos (escapulario, imagen de la Virgen del Carmen, el mes de María, crucifijos, la idea de la salvación eterna, la fe de bautismo), elementos histórico-culturales de índole patriótica (héroes de la patria, como O"Higgins, Rodríguez y Prat, la fiesta del dieciocho de septiembre, los aniversarios), elementos naturales y de civilización (el mar, los puertos, números telefónicos, las casas, las calles). La instancia final, de carácter enumerativo y paradójico, es más breve.

> Yo limito con todo y con nada
> todo en mí hoy es límite. (p.6)

En consonancia con esto, el poema se ha iniciado con una proposición de carácter sintético, se desarrolla a través de una serie de proposiciones analíticas, explicativas y simplificadoras, y se cierra con dos proposiciones de índole globalizante. Cambiando de manera brusca e inesperada la focalización del texto, el poeta incorpora, a modo de epifonema, una visión del texto como una entidad también determinada por la limitación, análoga a la realidad humana:

> Cada palabra limita a la siguiente.

Este excelente poema, definido en su estructuración retórica por el paralelismo y la anáfora, en su condición significativa por la noción de límites como rasgo esencial de lo humano y definido en su modo de comunicación pragmático como una confesión resultante del afán de honestidad, es un texto central en la obra de Trujillo. No sólo se constituye en un factor de cohesión y unidad del conjunto de secciones que conforman el libro *Los que no vemos debajo del agua*, sino también en una clave de lectura de casi la totalidad de su poesía. De hecho, *La hoja de papel* se puede comprender como el desarrollo y continuación de este poema en el nivel de la escritura, pues no sólo tematiza los límites (por ejemplo en la "hoja 1"), sino que se refiere a la serie de factores que limitan la vida y la escritura del poeta.

Es la conciencia de los límites del hombre (término bien manejado en su ambigüedad de marcador legal, geográfico, y de determinación ontológica y situacional de seres y objetos), lo que explica los variados "Desencuentros" del poeta con hechos y personas, la simbología del "Tiempo de mareas", las ironías de "El monedero falso" y el dolor de "Los que no vemos debajo del agua" y de los "Postdatas". Y ello es así porque el poeta, además de colocar este texto como "Introducción" explícita de la totalidad del libro, ha limitado también su destinación al dedicarlo a una persona en particular, dedicatoria singular y especial, Aydé, su amada, su musa, su esposa.

5. *Una poesía etnocultural, no lárica*

La poesía de Chiloé opera como un objeto cultural sincrético, de origen intercultural, y no como un objeto puramente hispánico, como a menudo se supone. La cultura chilota es el resultado del proceso de interacción cultural, primero, de los grupos indígenas chonos y huilliches (veliches) entre sí, al momento de la llegada de los españoles a otras regiones del territorio, pero no todavía al archipiélago. Luego, del grupo indígena constituido de este modo, con los españoles que llegaron a habitar sus tierras y, por último, del nuevo grupo ya mestizado, con los demás habitantes del país.

El producto actual de esta realización intercultural es una cultura heterogénea, de apariencia hispánica, cuya condición híbrida se manifiesta con claridad en la toponimia, la onomástica, los mitos, cuentos, leyendas, en ciertas formas de trabajo y entretención como *la minga* y *el medán*, además del vestuario y la religiosidad, entre los aspectos más significativos.

El grado de percepción de esta situación es variable, ya que, como la plasmación de esta identidad cultural se realizó tempranamente, quedan pocas huellas evidentes del proceso. Por ello, muchos habitantes del archipiélago y de otras partes del país no se dan cuenta de la naturaleza mestiza de la cultura chilota; por el contrario, resulta frecuente pensar que Chiloé constituye la mejor reserva de la tradición hispánica incontaminada o muy poco mezclada con otras culturas.

Intuyendo esta situación de pluriculturalidad, los poetas chilotes actuales presentan las situaciones de sus comunidades en una relación de exclusión, abandono y marginación en la interacción con la sociedad global y, sobre todo, con la capital. Sus textos presentan las características propias del discurso etnocultural: están codificados doblemente en la lengua standard del país y en el dialecto de Chiloé, lo que implica que los sujetos textuales asumen implícita o explícitamente un saber cultural ya amalgamado, que funde y confunde elementos de la tradición local con otros de la modernidad chilena e internacional, del mito, la literatura, la historia, la crónica de lo contingente, la vida del campo, el mar y la ciudad, lo indígena, lo europeo y lo criollo. La transtextualidad evocada no es sólo el discurso mítico, religioso y folklórico de la tradición de las islas, sino también el de la crónica hispánica, la historia nacional, la coloquialidad, los medios de comunicación de masas, la literatura.

El proyecto escritural de Trujillo pone en contacto la cultura de Chiloé con otras expresiones de la contemporaneidad. Lo ha dicho expresamente en la conversación con Eytel y Chihuailaf: "Busco una poesía que trascienda los límites de un determinado territorio, aunque en esa misma poesía estén los elementos que veo a diario en la isla." Esta certera explicación de la naturaleza heterogénea e híbrida de su escritura poética, por tanto, etnocultural, es un postulado válido tanto para su propia definición escritural, como para la mayoría de los escritores del archipiélago.

Ello explica por qué, a pesar de su fuerte raigambre chilota, la suya no es una literatura criollista, descriptiva o costumbrista; por el contrario, aparece más interesada en la vida que en la geografía, más en lo humano que en lo pintoresco o paisajístico. Tampoco es una poesía existencial desarraigada de la sociedad humana por indagar en la existencia misma, sino una escritura situada sociohistórica y culturalmente: el sujeto de la escritura se ubica en Chiloé, se expresa desde Castro y las islas del archipiélago:

> Mis versos están empapados de lluvia
> como yo
> porque hemos vivido todos estos años
> agazapados
> como fieras al acecho
> en estos inviernos de Chiloé.

¿Poesía lárica, entonces...? En varios críticos existe la cómoda tendencia de caracterizar como láricos a los poetas sureños, sin profundizar su lectura en busca de los rasgos diferenciales de sus textos. Escribir desde la provincia no significa necesariamente ser poeta lárico, como tampoco puede ser considerada como tal toda poesía ambientada en el sur o que describa el paisaje de los pueblos de provincia. Por otra parte, el concepto de poesía lárica, usado en el contexto de la crítica chilena, supone la conceptualización precisada por Jorge Teillier para explicar la poesía de un conjunto determinado de escritores sureños y usada después por los estudiosos para caracterizar su propia obra y la de su presunta escuela (Cf. "Los poetas de los lares", *Boletín de la Universidad de Chile* 56, 1965), la que no siempre es comprendida o empleada en estos términos.

Los versos de Trujillo hablan del hábitat chilote, es cierto, pero también se refieren a Temuco y otros lugares de Chile y del extranjero. Sus poemas no hablan de un paisaje revivido en sueños o evocado como una entidad mágica, sacral; a la inversa, es un paisaje observado con frecuencia, descrito en forma objetiva o explicativa, a veces al modo exteriorista de Ernesto Cardenal:

> Una lancha de Laitec
> con sus alas al viento
> era una perfecta coartada
> para explicar el paisaje.

La naturaleza y circunstancias de Chiloé no constituyen un espacio irreal, soñado como un modo de evadir la degradación y limitaciones de la vida ciudadana, para vivir ilusoriamente en la plenitud y la magia de la infancia, sino el espacio que fundamenta y sitúa sociohistóricamente el acto de escribir. En los textos de Trujillo, el paisaje no es una experiencia romántica ni simbolista, sino un elemento más del mundo en el cual se desenvuelve la existencia cotidiana. Chiloé no es, en esta escritura, un mundo mítico poblado de seres fabulosos o historias extrañas, sino el mundo de todos. Más que una visión lárica, es una visión realista y desmitificadora de Chiloé. El autor lo sabe y por eso ha dicho en la entrevista de 1983: "Quisiera aclarar que estoy en Chiloé porque me gusta, porque me interesa, pero no para hacer "la poesía de Chiloé". Busco una poesía que trascienda los límites de un determinado territorio, aunque en esa misma poesía estén los elementos que veo a diario en la isla. La poesía es poesía, sin adjetivos" (p.11).

Ciertamente Trujillo no es indiferente al carácter histórico y antropológico de la escritura poética, ni olvida que quien escribe lo hace en cierta posición del sistema social, incluso en cierto lugar de un país y de una cultura: "Ser poeta en provincia significa ser considerado subversivo, problemático, raro, loco." Exceptuando a los más jóvenes, la mayoría piensa: "cuidado, éste es un poeta, algo debe traerse bajo el poncho" (loc.cit. p.10). Por ello, asume su condición de poeta chilote, teniendo presente que al serlo, como lo ha reconocido, muchos de los elementos de referencia de su obra serán de su tierra, pero no todos, ya que Chiloé es parte de Chile y éste lo es de un continente y del universo, por lo que los rasgos isleños no quedarán aislados, sino que pasarán a formar parte de un universo significativo más amplio y complejo.

Escribir desde Chiloé significa reconocer que se pertenece a un sector marginado parcialmente por la sociedad chilena global; significa que se escribe desde los márgenes de un sistema de vida que tiene valores, deberes y derechos que afectan y son asumidos de modo distinto por los distintos sectores que lo conforman. Trujillo, como Mario Contreras, Sergio Mansilla, Rosabetty Muñoz, Sonia Caicheo, sobre todo Mario García con su personaje del "poeta inédito", escribe desde la conciencia del excluido, el marginado o el maltratado de una sociedad, el que se siente ajeno en su propia comunidad por no tener el derecho o la posibilidad de decidir su destino, haciendo suyas sus privaciones, angustias, frustraciones y limitaciones. El reconocimiento de esta situación ubica la poesía de Trujillo en el ámbito de los poetas etnoculturales, es decir, de aquellos cuya escritura está motivada por la certeza o la sospecha de vivir en una sociedad multicultural, mestiza, donde el lenguaje es heterogéneo, mixto, híbrido, y el arte es un modo de reconocer que la coexistencia o confluencia interétnica e intercultural es un rasgo propio de los procesos y fenómenos sociales, al mismo tiempo que de las personas, las actividades, los textos. De allí, entonces, la resistencia de Trujillo a escribir una poesía diferenciada como exclusivamente chilota, pues ha intuido que lo chilote entendido como identidad incontaminada, pura, autónoma, no corresponde a la realidad.

Por eso, los textos de Trujillo plantean temáticas variadas en que se ponen en contacto elementos originados en culturas distintas que coexisten en la cotidianidad o la conciencia de un habitante de Chiloé, a veces como hechos conocidos pero opuestos o ajenos (por ejemplo "Quedaste en Castro donde también quedaron mis amigos/ ... / No conocemos New York ni Santiago City/ Ni hemos andado en el Metro con su lujo electrónico"); otras veces integrados en un discurso complejo, como en "Desde hoy" o en "La verdad es igual". En este último texto se percibe con claridad la conciencia sincrética del sujeto textual, como asimismo en *Los Territorios* y en *Los que no vemos debajo del agua*. Del mismo modo, los textos están codificados verbalmente mediante la alternancia o la mezcla del español standard del país con el dialecto de Chiloé, con numerosas locuciones en latín y algunos términos de otras lenguas. Las referencias transtextuales transliterarias ocupan un amplio espectro, que incluye la mitología chilota, el discurso de la propaganda comercial, el de la historia de Chile durante el gobierno militar oculto en la figura de la alegoría, de la filosofía moderna de occidente, de la oración, del culto católico tradicional del archipiélago, del alegato jurídico, entre otras.

Desde esta perspectiva, la poesía de Trujillo, como la de sus compañeros, es un intento de superar la exclusión del discurso chilote sin renunciar a su identidad, al ponerlo en contacto con otras expresiones de la modernidad literaria y textual, con las cuales realiza un complejo juego de aproximaciones, alejamientos y reciprocidades.

Universidad Austral de Chile
Valdivia, diciembre de 1995

MIS LIMITES
O
FRONTERAS PERSONALES[2]

---

[2] Escrito en 1981 como parte de un conjunto titulado *Los límites de Chile* que nunca llegó a publicarse. En 1986 fue incluido en el volumen *Los que no vemos debajo del agua* y ahora hace de introducción a la presente antología.

MIS LÍMITES O FRONTERAS PERSONALES

Yo limito

Yo limito y por limitar con cada hora
cobijada en mis manos
soy desde el mismo nacimiento
mi propio y más terrible límite

Yo limito

Yo limito con sillas, con mesas,
con bibliotecas, con calles con casas,
con los números telefónicos,
con los R.U.N.
y los R.U.T.,
con las libretas de ahorro,
con las libretas de seguro,
con el mar, con el puerto y los puertos,
con mis costillas por delante
y mis costillas por detrás,
con los cables de alta tensión
y las huellas de labios en los vasos

Yo limito

Yo limito con Bernardo O"Higgins arrancando
de Rancagua,
con Manuel Rodríguez vestido de cura
por los cerros de la historia,
con Arturo Prat y su busto mojado por la lluvia
en la Plaza de Castro,
con el dieciocho de Septiembre,
con el Mes de la Patria,
con todos los sesquicentenarios,
aniversarios y demases

Yo limito

Yo limito con el escapulario que me colgaban del cuello,
y con la imagen de la Virgen del Carmen entre dos oficiales de barba,
y con el Mes de María,
y con los crucifijos oxidados sobre los marcos de las puertas,
y con la salvación eterna
escondiéndose siempre bajo distintos sombreros

Yo limito

Yo limito con mis suspensores, con mis primeros zapatos;
yo limito con la mañana, con lo que no es la mañana;
con mis ojos y mis orejas;
yo limito con mi olfato y con mi tacto,
con los decretos y los contradecretos,
con las relegaciones y los exilios

Yo limito con mi fe de bautismo,
con mi certificado de defunción

Yo limito con todo y con nada

Todo en mí hoy es límite

Cada palabra limita a la siguiente

(1981)

LAS MUSAS DESVAIDAS
(1977)

Una pierna sobre la otra
acomodadas maquinalmente
cuando inicio la lectura de un libro
o un diario cualquiera.
Siempre igual:
la primera con su complejo de caballo
la segunda con su complejo de jinete.

PITECANTHROPUS

El cavernario
salió a lucir sus pieles.
Saluda al sol.
Tiene miedo a despegar
como una estrella por los aires.
Levanta una pata
          y la baja.

Lo importante en la vida de un tornillo
se limita a dos cosas:
    vueltas hacia adelante
    y
    vueltas hacia atrás.

INSECTARIO

No volvió la golondrina
a quedarse dormida
sobre mis hojas
de cuaderno.
Apenas la vi
le clavé un alfiler
en el ombligo.

V[3]

¿Qué creen ustedes que significan
veinticuatro años de vida?
Dormirse y despertarse ocho mil setecientas
sesenta veces,
subir escaleras durante veintitrés años
y bajarlas posteriormente,
preocuparse concienzudamente uno o dos
  años
(según se sea más o menos tarado)
de aprender a hablar para nada,
para que más tarde nadie quiera escucharle,
aprender a caminar velozmente
para no llegar atrasado al trabajo aunque lo
desees,
mirar fotografías y daguerrotipos
con el solo objeto de saber que antes
de haber pensado siquiera nacer
ya habían vivido otros millones
con las mismas taras que uno,
ingresar al colegio para aprender idénticas
  imbecilidades
que mis tataratatarabuelos dos o tres siglos
  atrás
y soportar profesores de corbata y terno oscuro
con cara de funeral.
¿Qué significan veinticuatro años de vida?
Tener la posibilidad incierta de hacer todo
  lo que desees
y conformarte, finalmente, con no hacer nada.

---

[3] Se mantiene la numeración de la edición de *Las musas desvaídas* de 1977.

XIV

Pasaron tantos años y tan pocos,
entre trenes y buses,
entre libros y estudios,
tantos años de ir y venir,
de comprar pasajes
y huelgas de ferrocarriles,
años de fiestas y licores,
de mujeres y noches,
de calles oscuras,
estrechas y retorcidas
como serpientes en muda;
de música,
de música de lluvia
en las paredes de cinc,
en Castro, en Temuco,
en la vía férrea
o en la carretera pavimentada
de estrellas.
Años de vida,
de vida mía, años
de sueños.
           Pasaron.

XV

Algún día formarás parte de la tierra.
¡Recuérdalo!
Algún día serás tierra
o serás árbol
o hierba
o cántaro de greda.
Quizás seas cualquier pasto
y te coman los bueyes.
Aprovecha hoy de estar conmigo.
Amame.
Mañana será tarde.
Serás tierra.

(*Las musas desvaídas*)

ESCRITO SOBRE UN BALANCIN [4]
(1979)

---

[4] La presente es una selección del volumen homónimo publicado en Ancud en 1979. Los poemas fueron escritos entre marzo de 1976 y marzo de 1977 y compartieron Mención de Honor en el Concurso "Alerce" de la SECH (1978) con los de Armando Rubio y Rodrigo Lira. La gráfica de la edición de Ancud es de Edward Rojas (quien también diseñó la portada) y Mario Velásquez.

I. ESCRITO SOBRE UN BALANCIN

1

Tú --allá donde termina ese camino
en que el polvo se hermana con el cielo--
seguramente sigues escondiendo secretos
que perdieron su valor
con la caída de la primera escarcha
o te conformas con dar explicaciones
en las figuras de las nubes
o en el vuelo de los trieles
que van hacia los trigales
cuando por las tardes pasan sobre tu casa

Desde la amanecida
el polvo que cubre el silencio de los árboles
ha comenzado a ocultar esos recuerdos
que asocio con las últimas frambuesas de diciembre

Tú te enredas
en una madeja de silencios gastados
allá --al final de ese camino
donde el polvo transforma el rostro de las cosas--
mientras yo paseo la mirada por las islas
como un vagabundo que aún no comienza a caminar
y encuentro una razón hermosa para existir
en el cacareo de una gallina
que se niega a abandonar sus huevos
sobre un cajón con paja.

2

Hubo años en que pensábamos fugarnos de la vida
y nos quedábamos paralizados temiendo despertarla
con el silencio de nuestros pasos

Ahora --para vivir-- buscamos momentos como esos
simples como la redondez de la Tierra
o como la blancura de un huevo
tirado en el patio sobre el barro

Pero no podemos atrapar el tiempo
en un marco de fotografías
como ese que alguien colgó en la pared de nuestra casa
hace muchos inviernos
y en el que ahora sólo quedan
rostros ya amarillos que nadie recuerda.

3

Al final de la calle
el muelle introduce sus pies descalzos
en el mar
y las gaviotas con sus alas abiertas
semejan un saludo de paz al forastero.

4

Una lancha de Laitec
con sus alas al viento
era una perfecta coartada
para explicar el paisaje.

5

Sentado sobre un sendero de arena y hojas secas
mi sombra
--esa repetición oscura de mi cuerpo--
era para entonces
un nuevo mundo
que recién empezaba a descifrar.

6

El cuervo voló alto
y comenzó a sacar la noche
de entre las alas.

7

Mis versos están empapados de lluvia
como yo
porque hemos vivido todos estos años
agazapados
como fieras al acecho
en estos inviernos de Chiloé
que --tú lo sabes--
no son más que un solo invierno
--el de la vida--
con pequeñas interrupciones.

8

Había llovido la noche entera
Y por la mañana debíamos llegar
A la fiesta de La Candelaria

Era un dos de febrero
Que tal vez hubiese cambiado
Por una manzana

En la noche que precedió a la lluvia
Nos conformamos con mirar esas olas
Que se apoderaban del silencio

Las islas iban desapareciendo
Ante nuestros ojos
Y sólo dos estrellas
Acertaron a mostrar su rostro encendido
Entre las nubes quietas
Como madejas de hilado
En el piso de tierra
De una casa de campo

Los días en Quellón se repiten
Como las lágrimas de una niña
Cayendo sobre el mar

Todos idénticos

O como esas barritas de chocolates importados
SUCHARD - TOBLERONE
Que esperan por años dormidas en las vitrinas
Perdiendo sus colores de mariposas
Ante los ojos brillantes de los chicos del pueblo
Que sueñan tenerlas en sus bolsillos.

9

Te miro
Aunque sé que no estás
Como todos los días
Quizás barriendo el patio
O colgando la ropa recién lavada
O quizás

Recordándome un momento
Como yo lo hago

Te miro
Aunque sé que estás más allá
De esos cerros
Más allá de lo que puedo
Caminar en un día

Pero te miro
Porque para nosotros
No existe el tiempo
Ni el espacio
Y te veo en cada una de las flores
En el río que canta
En el agua que moja mis pies
Y mis manos.

10

Hoy encontré un sitio
Donde la vida se perpetúa
Solo
Un río que corre manso hacia el mar cercano
Abriendo túneles sin nombre
Bajo las zarzamoras y los arrayanes

Todos los árboles están florecidos
Las lumas y sus flores blancas
Las chilcas y sus flores rojas
O moradas según el tiempo
Más allá un puente de cemento
Que alguien construyó
Sin saber bien para qué
Porque nadie transita sobre su espalda
Como si hubiese deseado solamente
Enmarcar el canto de esas aguas
De lenguas transparentes
Aquí

La vida florece en cada nube
En cada árbol
En cada pie
En cada rostro reflejado en el río
Y tú
Ausente en cuerpo
Te transformas en una vocecita casi inaudible
Que llega a mis oídos desde el fondo de mí mismo.

11

Sentado en la escalera de este muelle
Que va curvando su lomo
Igual que un anciano
Que ya abre las puertas del infinito
Escapo un poco a la vida
Y a las trivialidades de los días
Cuando cada ola que se estrella en mis pies
Como una gaviota que no sabe volar
Parece traerme un saludo desconocido y lejano.

12

La campana de Quellón llama a la misa de las siete
A esa hora
He encontrado a dos chicos que aún no van a la escuela
Pero ya saben pescar salmones en el río correntoso
Y conocen una por una las hierbas medicinales
Me hablan del mechae y del chilcón
Y del sabor que tiene el pan con calafates
Mientras juegan a hacer patitos
Tirando piedras planas que resbalan sobre el río.

13

Quedaste en Castro donde también quedaron mis amigos
Y estoy aquí, solo, sentado junto a un arroyo
Que entona una melodía que nunca se tocará en las plazas
Ni en las radios
Pero que tú conoces
Porque nosotros --es verdad--
No conocemos New York ni Santiago City
Ni hemos andado en el Metro con su lujo electrónico
Pero sabemos del canto de los arroyos
Y de las flores que crecen en el bosque
Por eso aquí
Sentado sobre un montón de tierra
Comparto mi alegría de sentirte cerca
Con unos chicos que viven bajo el puente
Y me han traído (seguramente sin saberlo)
Un carnaval de ilusiones
En sus ojos inquietos y en sus pies descalzos.

14

Siempre he tratado de ver qué hay en el fondo de tus ojos
saber cuál es el color exacto de las mariposas
la distancia precisa que existe entre tú y yo

Toda la vida he tratado de conversar con las estrellas
de ver mis pies desnudos
en medio de un charco bajo la lluvia
de robarle sus colores a las lagartijas
cuando aparecen como flores vivas
sobre los árboles podridos
que descansan sobre la hierba
mientras el cielo es sólo un sueño.

La vida ha corrido como un barquito de papel
en la tina del patio
como el primer camioncito de la infancia
hecho con tablas de un cajón de conservas
y que alguien robó una tarde
en la puerta de nuestra casa.

II. INSTANTÁNEAS EN NEGATIVO

Entré a la vida
como por descuido
        del portero
pero debí quedarme
       y pagar
todas las consecuencias.

Ayer me puse a recordar mis sueños
Fue como enfrentarme
a un libro de defunciones.

LA POESÍA
ES UNA CANALLADA
AL SENTIDO COMÚN.

Y no niegues que existes
¿para qué?
debes comprender
que la vida
es sólo una mala jugada.

Para ese mañana que no llega
quizás hayamos olvidado
hasta nuestros nombres
y tú te llamarás maleta o lavatorio
o guijarro o pedrada
y nuestros nombres
ya no serán necesarios
como el aire quizás no sabe
que le llamamos aire
y yo te seguiré amando
aunque quizás
tampoco sea necesario para entonces.

Y TODO PERDÍA VALIDEZ

Y todo perdía validez en mis versos
cuando escribía un poema dedicado a ti
Colocaba tu nombre entre paréntesis
y tú te enredabas como en una telaraña

Pero
queriéndolo o no
nos transformamos en filósofos
sin sueldo
sin ideas
sin sombras

Empiezo a familiarizarme con la idea
de que la poesía
nada tiene que ver con los poetas.

Cuando el tiempo pasó
y nos miramos nuevamente
no lo creímos
tuvimos que abrir y cerrar los ojos
varias veces
sólo entonces pudimos convencernos:
nos habíamos transformado
en negativos de fotografías.

Paso por la vida
con los ojos cerrados
temeroso de abrirlos
y ver
que quizás nuestro aire
se ha fugado para siempre .

No temo a la muerte
porque la vida
me ha enseñado a morir habitualmente
Porque la muerte
apareció en la última lista
de defunciones.

Entonces abrí las hojas del cuaderno
y no vi tu rostro
Se había escondido tras tantas letras
garabateadas no sé cómo
en momentos que no recuerdo.

2010 (dos mil diez)

Y no volvieron a escucharse villancicos
para Navidad
porque no volvió a existir la Navidad
y los robots habían olvidado
las canciones de cuna.

Esperamos una vida que no existe
con días hermosos que no existen
mientras nosotros
tratamos de existir
              de alguna forma.

La mañana apareció ante mí
luminosa
sencilla
como un volantín
              que quiere ser gaviota.

Observa bien:
las gaviotas puestas en fila
a orillas del mar
tratan de romper
el hechizo de las olas.

POEMA PARA UNA NAVIDAD

A veces piensas que la Navidad
está escondida tras cada número del calen-
dario
(el ajado calendario que ha cubierto
tantos inviernos de almas blancas);
pero siempre continuamos
esperando una Navidad que no llega
una NAVIDAD en que no necesitemos ojos
para ver la verdad.

POR EL AIRE

Andamos por el aire
como los pájaros
como los ojos de los pájaros
como las nubes y los pájaros
como nosotros
        andamos por el aire...

EL TIEMPO SE HA IDO APODERANDO DE
NOSOTROS
y de repente
nos encontramos con cenizas
escondidas entre las manos.

ES INCREÍBLE
todo pareció extraño
incluso al robot
afeitándose con navaja y jabón
frente al espejo destrozado.

EL AÑO LLUEVE DÍAS NOSTÁLGICOS
porque de pronto sueño
que estoy en otra fecha
más adelante en otro año en otra página
y sueño y veo y miro
y no te encuentro.

SOLO EN MEDIO DEL SALÓN DE LOS ESPEJOS
no me encuentro en ninguno
he optado por buscarme en los reversos.

MIENTRAS CAMINO Y CANTO
la muerte y la vida
me juegan a los dados

OBSERVABAS ESA GUITARRA QUE NO SABÍAMOS TOCAR
y salían las notas más hermosas de tus ojos
Era entonces un tiempo
en que las lunas se habían detenido
y todo marchaba al ritmo de nuestros pasos
y de nuestros besos.

HOY UNA IGNORADA COMPUTADORA
distorsionó el tiempo
jugó con los días y con las noches
con los años y las semanas sobre la mesa
Sacándote de mí
te dejó abandonada en un ayer sin nombre.
NACÍ HACE VEINTICINCO AÑOS
y todavía este mundo
me parece una casa de huéspedes.

TODOS COMENZAMOS A NACER DE NUE-
VO
e incluso tú empiezas a tararear
una canción que desconozco.
La vida revolotea por todos lados
y tras esos árboles
mariposas de colores y zumbidos de abejas
que indican primavera
pero al voltear la vista
siempre topamos con el telón de fondo.

TRATAMOS DE VIVIR EN LA POESÍA
la realidad nos mira con ojos de ciego.

ES LA HORA EN QUE IBA A BUSCARTE
POR LAS TARDES
la hora en que el silencio
se confundía con la lluvia y con los pies
mojados
la hora de la vida

Era la hora
de un tiempo que se borró
con la última hoja del calendario.

DIECISIETE DE ENERO

El año había empezado a batir sus alas
como un pájaro extraño
Todos tratamos de volar hoy por la tarde
porque el silencio se hizo transparente
y pretendimos ver de cerca la cara de Dios
         en Chiloé.

LOS TERRITORIOS [5]
(1982)

---

[5] Se incluyen, sin alteraciones, todos los poemas del volumen homónimo, escrito en diciembre de 1980 y publicado en abril de 1982, Ediciones Aumen, Castro. Diseñó la edición Edward Rojas Vega.

*El territorio del poeta
es un pájaro
anclado en el corazón*

TERRITORIOS
(introducción)

1

Cada ser es dueño de su propio territorio en cuerpo y alma
Cada ser es un territorio por derecho propio.

2

El lugar que habitas es tu territorio
La piedra que pisas
El aire que respiras
El pan que ganas
El agua que bebes
El trabajo que haces
El techo que te cubre
La huella de tu pie
El bolsillo roto
La amistad de siempre
El hola cotidiano
El camino diario
El sueño inconcluso
La palabra que vuela de oreja en oreja
La palmada en la espalda
La bofetada en la cara
La sangre de narices
El dolor que sufres
El hambre
Las hojas del otoño
La sonrisa que esperas
En cada rostro que cruza tu camino
La verdad
La verdad
La verdad por siempre
Como una nueva mano
Hacen tu territorio

Y es tu deber compartirlo
Como un roble inmenso
Parado en el centro de la tierra
Batiendo sus alas
En el inicio de su último vuelo
Hacia el nuevo territorio de los hombres
En un canto gigante a los pueblos
A la paz
A la libertad que quiere encender sus ojos
Encender sus ojos
Entender el mensaje de los ojos
Como el alfabeto magnífico
De la sinceridad.

territorio del hombre

El hombre constituye su propio territorio lo que equivale a decir en buenas cuentas que el territorio del hombre es el hombre multiplicado por todos los seres que habitan el planeta. Pero el hombre debe ser el descubridor de su propio territorio debe abrir los ojos las manos el corazón y cada una de sus células al territorio que lleva dentro de sí como una invisible señal de ceniza porque el territorio necesita flores necesita árboles necesita corazones necesita verdad necesita pan necesita un mismo sol y una misma lluvia para mojarnos todos como una sola semilla que brota desde sí y entonces el hombre debe ser flor debe ser árbol debe ser corazón debe ser verdad debe ser pan debe ser sol debe ser lluvia derramándose sobre los territorios del hombre.

Sin embargo el hombre vive marginado por leyes de territorialidad y los ojos dejan de ser ojos para transformarse en candados y las manos dejan de ser manos para transformarse en gritos y el alma es un grillo cantando solo por las noches y nadie escucha y los cinco sentidos se precipitan hacia el no territorio como un volcán ciego erupcionando recuerdos y futuros en una clase magistral de silencio domesticado como un canguro nuevo mientras desde la tierra encanecida de repente como una erupción mínima nace la flor de un nuevo alfabeto para el hombre.

territorio del poeta

El poeta sólo vive en paz consigo mismo en su propio territorio en el territorio que desde siempre le ha correspondido habitar que ha hecho suyo a fuerza de tiempo a fuerza de sangre transparentándose en el lecho vital de las horas que relampaguean como los ojos de cuatro gatos negros puestos en fila quietecitos allí en el ángulo exacto de la noche como el semáforo de la eternidad transmutada en cada uno de los vértices de la cruz del sur que nos pertenece a todos por igual balanceándose en el silencio del cosmos eterno.

El poeta habita en el cielo en la tierra y en todo lugar pero no toda manera de vivir es vida como no toda verdad es verdad ni todo hogar cuenta con pan y fuego con fuego y pan y el techo a veces es sólo una ventana inmensa abierta al infinito que también se cubre de nubes y lo empaña todo como una mala toma del camarógrafo de turno.

El poeta busca la paz para el hombre porque la paz debe ser un artículo de primera necesidad de segunda necesidad de tercera necesidad necesaria siempre exenta de impuestos y de trabas.

La paz debe encontrarse oculta en alguna parte del planeta en alguna caverna prehistórica en alguna caja fuerte con mil candados pero siempre en la mira telescópica de mi pluma de tinta de mi pensamiento de mi cerebro traspasado por incontables ayeres y mañanas.

territorio de la esperanza

La esperanza desde hoy deja de ser una palabra

La esperanza es un territorio que no aparece en los mapas físicos ni políticos de los países ni en los de Marte ni en los de las más lejanas constelaciones

La esperanza como el alma no aparece tampoco en las láminas del cuerpo humano

La esperanza es el territorio sin dueño que despierta cada mañana más temprano que la luz
y se esconde en la mochila invisible que pesa sobre nuestras espaldas
como el sello de agua anónimo en los billetes de banco.

La esperanza no es una flor no es una hoja
no es una golondrina revoloteando en la primavera de la vida

La esperanza no es primavera

La esperanza es una capa de luz cubriendo nuestros cuerpos desnudos
La esperanza es el sobreviviente único de innombrables naufragios

El territorio de la esperanza es un elefante de memoria cibernética
Es un mago inventor de oficio
Oficiando de esperanza desde el comienzo de los siglos

Caminamos la esperanza desde antes de nacer
Hasta después de después
Como un doloroso parto cada día distinto.

territorio de la libertad

Territorio (del lat. *territorium*) m. Porción de la superficie terrestre perteneciente a una nación, región, provincia, etc.// 2. Circuito o término que comprende una jurisdicción, un cometido oficial u otra función análoga.

De (del lat. *de*) prep. Denota posesión o pertenencia.

La (del lat. *illa*) gram. Artículo determinado en género femenino y número singular. Suele anteponerse a nombres propios de persona de este mismo género.

Libertad (del lat. *libertas, atis*) f. Facultad natural que tiene el hombre de obrar de una manera o de otra, y de no obrar, por lo que es responsable de sus actos.

Real Academia Española
Diccionario de la Lengua Española
Decimonovena edición
Madrid, 1970.

territorio de las palabras

Cuando nació la idea con su brillo perpetuo
el fuego no existía

no existía la lanza ni la flecha
las aves descansaban en sus nidos

Cuando nació la idea
la palabra esperaba su momento
esperaba el hilo conductor
oculto entre las rocas y las cuevas

Cuando vivió la idea y fue palabra
el territorio se vistió de fiesta.

territorio de la verdad

El territorio de la verdad es más alto que la cumbre del Aconcagua

El territorio de la verdad limita al norte
al sur y al este con la mentira

Limita al oeste con el infinito sin horizontes

El territorio de la verdad nos permite apropiarnos del verbo territorio

Hacer de yo -   territorio
           tú -   territorio
           él -   territorio
      nosotros -
           un gran territorio
           sin velos ni cortinas
           ni murallas que aplaquen
               el fuego de las voces
hasta territorializar el universo como una gran verdad
titilando sobre los seres
como un volantín puro y transparente agitando y tensando su cuerpo
al contacto con nuevas esferas y nuevos sentimientos
que explotan como globos redondos y enormes
despidiendo destellos de colores que iluminan la tierra.

territorios del tiempo

Maúlla el tiempo sobre los techos en todas las estaciones de la historia

El tiempo es la interacción de todos los ayeres y mañanas
borboteando al unísono en un mismo tubo de ensayo
escondido hasta la última rotura de la eternidad
flameando como una bandera sin color en ignoradas dimensiones
más allá de los polos del nacer y el morir
deshilachándose en burbujas de incontables carretes

El tiempo se mueve en todos los territorios
corriendo caminando moviendo la cola silencioso
olvidado del ayer
olfateando sigiloso habitaciones y desiertos
desmenuzando las horas de un collar sin fin ni principio

El tiempo es el altar suntuoso
al que todos llevamos nuestras grandezas y miserias

Por los territorios del tiempo navegamos

Así sea.

LOS QUE NO VEMOS DEBAJO DEL AGUA[6]
(1986)

---

[6] La edición de 1986 consta de un poema introductorio y siete partes. De ellas, las secciones tituladas "De trenes y viajes" y "El monedero falso" no fueron incluidas en el volumen antológico *Mis Límites* (1992). Todos los poemas fueron escritos entre 1979 y 1983.

DESENCUENTROS

BAUTISMO

Como para empezar de nuevo
mojo mi cabeza bajo el chorro de agua
y me cambio de nombre

entonces no vuelvo a ser más aquel que fui
soy el que empieza a empinarse
sobre su propio nombre
como un pájaro tímido

COMIENZO POR ALUMBRAR LOS TIEM-
POS

Comienzo por alumbrar los tiempos
con una lámpara de aceite

Debo avivar la llama
o no conoceré los ojos que nos miran

El ayer está más oculto y protegido
que un guerrero bajo su gruesa armadura

(Estamos aquí a patadas con la historia)

OBSERVO TU IMAGEN

Observo tu imagen
reflejada en el espejo

Te busco

Y sólo queda
la pared del frente

NO PREGUNTES POR MÍ

No preguntes por mí
pues me hallarás en cada lugar
donde desees verme

Seré la palabra mal escrita
en tu hoja de cuaderno
la sonrisa en las penumbras
la luz que se enciende
y te encuentra en silencio

el secreto o el beso que no llega

Pero no preguntes por mí
Jamás lo hagas

Que al oír tu llamada y sentir que no estás
se destruiría el hechizo
bajo los nubarrones que vienen del océano

DEMORAS

Demoraremos eternidades
en comprender
que el tiempo es algo más
que un simple cambio de números
en el calendario

TANTA PALABRA

Tanta palabra para explicar la pobre condi-
ción humana
Sartre   Unamuno   Camus   Heidegger
Y así hasta el comienzo de la palabra escrita
Un solo texto con distintos autores
Navegando contra la corriente
Negando toda salida a la existencia

Y yo me encuentro de repente
Ante todas las puertas
Llevando en mi mano un manojo de llaves
Y sin saber qué hacer con ellas

PARA LA HISTORIA DE LOS LIBROS

Para la historia de los libros
los días no tienen color
ni tonos ni matices

Hay meses que no ocupan media página
de un tomo gigantesco
otros que parecieran
ser toda la Historia por sí mismos

No es que yo tenga nada
contra quienes la escriben

Es que no me conformo
con no ver mencionado tu nombre
ni en la fe de erratas

NO HABLEMOS MAS DE AMOR

No hablemos más de amor
Ni de luces ni de señales mágicas

No hablemos más del cielo
Ni de las paralelas siempre iguales

No hablemos de la angustia
               Del dolor
Caminemos con nuestros propios pies
Con nuestros propios cuatro tres dos pies
               Sobre el camino

ESTE INQUEBRANTABLE AFÁN

Este inquebrantable afán de sentirse un poco
Quijote
un poco Segismundo
y luchar contra molinos de viento que ni siquiera existen
y quebrarse la espalda y amanecer
con un dolor de huesos
y la cabeza disparando incoherencias
como una catapulta contra el castillo de los
señores feudales

este afán de sentirnos encerrados
maniatados burlados
atormentados de todas maneras
bajo una costra de piedras que se endurecen

¿qué más temer a los tiempos
cuando los ojos se sueñan a sí mismos
como un espejo que se desdobla
como una sala de espejos que se miran solos
como una serie de espejos que se niegan a
reflejar
lo que no sea la transparencia de sus caras?

este inquebrantable deseo
de abolir nuestras propias esclavitudes

cuando cada día jugamos al carpintero
mientras en silencio
construimos nuestras propias cruces

EL BARCO DE LOS DÍAS   (casi historia)

El barco de los días nunca se detiene
y nosotros los marineros
debemos acostumbrarnos a todos los temporales

el alma se hiela en tiempos de tormenta
y no podemos ponerles velas desplegadas
a esos corazones que se mueren de frío
sin haber conocido el invierno

A todas luces somos los pasajeros del barco
--nadie es tan arriesgado
para dejarlo en mitad de la travesía--

debemos conformarnos a la falta de alimentos
a la escasez de agua

hay veces que un forado
parece iniciar la cuenta regresiva de un tiempo que se ausenta
y es tan sólo un inútil intento del mar por mojarnos el alma

El barco se mueve como una estrella infatigable
y nosotros --los victoriosos guerreros--
seguimos siendo maravillosos fabricantes de sueños
adentro de su cajita de madera

MAÑANA DEL 21 DE AGOSTO LEYENDO A CAVAFIS

Me he visto entre murallas y no ha sido un sueño
Me veo entre murallas

Altas murallas me rodean
Altas murallas espejos

Veo mi figura repetida hasta la eternidad en las murallas
La ubicuidad se ha apropiado de mí

Estoy en cada parte de este encierro
Cada centímetro de la muralla repite mi rostro

Cada centímetro de la muralla es mi figura
Repetida por cientos

¡Oh Dios! ¡Oh cielos! ¡Oh altos muros!
¿Cuál de esos soy yo?

LOS QUE NO VEMOS DEBAJO DEL AGUA

Nosotros los que no vemos debajo del agua
ni descubrimos América con una carabela

los que no logramos distinguir una estrella
de otra tan distante como la A a la Z de los
tiempos

Nosotros los que aún leemos los diarios
y buscamos mensajes escondidos en las nubes del
mediodía
estamos parados aquí
en la base de una historia que comienza

estamos enfierrando concretando
endureciendo los pilares de la historia por venir

Pesados han de ser los tiempos venideros

EN EL BORDE DEL PRECIPICIO

En el borde del precipicio estaba Dios
Rondando como un pájaro que cumple eternamente
su turno
La noche pidió autorización para entrar en escena
Las estrellas se aglomeraron ante sus ojos
Como constelaciones de pájaros lejanos

Dios continuaba inmutable en su función de sereno
Paso a paso sobre el borde mismo del precipicio
Como si fuera la Alameda de las Delicias
--Santiago, siglo XX--
Y volaban las aves y giraba la tierra
Y el aire enmudecía sobre los cerros altos
Esperando la mirada de Dios
Que se perdía como un pájaro nuevo sobre los
abismos.

TIEMPO DE MAREAS

I. De altas mareas

1

Vivimos por años el período de las altas mareas
Entonces conocimos los montes oscuros
Las lomas hermosas como senos cubiertos de hierbas
Los caminos de tierra
Todas las verdes colinas del archipiélago

Vivimos por años el período de las altas mareas
Nunca quisimos contar las estrellas
Para no elevarnos al cielo

A cada cerro le hicimos una marca
Para identificarlo desde lejos

Nunca recorrimos dos veces el mismo lugar
Más bien
Nunca un lugar fue dos veces el mismo para nosotros

Y las altas mareas
innumerables veces nos lavaron los pies

2

En los años de las altas mareas la pesca
abundaba
No podían las redes
   Con todos los peces cariño
      los peces amistad
      los peces sonrisa
Todas las embarcaciones recogían a mano
los peces amor
Y los pescadores a veces se quedaban
dormidos
Mirando ese cielo
    grande como un volantín

3

En las playas altas mariscábamos esperanzas
cada tarde
La libertad vivía afuera de sus conchas
Y en el mercado del pueblo
   Un aroma imprescindible
      Jugueteaba en las narices

II. Las mareas declinan

4

Las manos aprendieron nuevos lenguajes
Y los ojos siempre estuvieron abiertos

Poco a poco
La duda comenzó a navegar sobre las olas

Todas las noches
El reflejo de una luna alada
Anunciaba un tiempo de bajas mareas

5

Nadie creyó a la luna
Publicidad barata dijeron
Nadie creyó a su reflejo en el agua
Pero ya comenzaban a extenderse
Las arenas
Como una larga capa de noche

III. De bajas mareas

6

Mientras crecía la arena en una carrera de hormigas
El mar se alejaba de nuestros pies

Todos los habitantes de la costa
Caminaban por el desierto

Se arrastraron sobre la playa seca
Como esqueletos cubiertos de pellejo

No lograba el amor divisarse en el horizonte
Entonces buscaron debajo de las piedras
Y sus ojos se transformaron en imanes desconsolados
Buscando esperanzas para seguir el camino

Las piedras no escondían secretos
Ni esperanzas pegadas a sus aristas

Los esqueletos cubiertos de pellejo
Continuaron arrastrándose como ciegos reptiles

7

El pellejo fue agujereándose con el frío de las noches
El sol fue transformándolo todo
En un desconsolado laberinto de grietas

Nada recordaba al mar que estuvo allí

Los huesos aguantaron todo el odio de los dioses

Y todavía en esos pechos acorazados de costras
Latía un corazón con sed

DE TRENES Y VIAJES

1

"Todo será como una brusca frenada de un tren"[7]
que nunca se movió de su lugar

Entonces por las ventanillas
comenzarán a asomarse rostros
de pasajeros inexistentes
que verán los ojos asombrados
de otros viajeros inexistentes

que esperan subir al tren
para partir nuevamente
hacia el mismo punto de partida

2

No recuerdo ni el boleto que me trajo
pero sigo aquí
        sobreviviéndome
como un enorme lobo solitario

como un enorme lobo temeroso
de las huellas que deja

Como si otros lobos
pudieran hacer de sus pisadas en la tierra
otros innumerables boletos
para llegar al lugar que ocupo
como un eterno--enorme--lobo

---

[7] "Será como una brusca frenada del tren." Verso de René Guy Cadou.

3

De tanto mirar el viejo tren
del rompecabezas enmarcado en la pared
terminamos introduciéndonos
por una de sus ventanas

Miramos hacia afuera
y no pudimos descubrir nada conocido
en esa pieza pequeña

Contamos las tablas innumerables veces
y estaban todas mirándonos la cara

Volvimos a mirar el cuarto
intentando encontrarnos
pero tampoco estuvimos entonces

El alma y el cuerpo se habían escurrido
cada uno por su lado
entre los viejos vagones

4

Interminablemente fuimos los pasajeros
del tren que nunca partió
Nos eternizamos en el mentado lugar de los hechos
Fuimos eternos durmientes sin sombras

5

TRANSPARENCIAS

Me veo reflejado en el té
de la vieja taza de loza
y no soy yo el que mira
    sino el rostro reflejado en el té

               de la taza de loza
quien observa a los ojos
       perplejo
a sus reflejos igualmente perplejos
en cada uno de los ojos
que miran la taza.

6

Yo no anuncio nada

Esperemos la llegada de las flores siempre
vivas
Y hagamos la crónica de todo lo que fue

de las gaviotas blancas
del horizonte
de la tijera en tus manos
recortando el paisaje azul de la revista

7

Ahora empezaremos a mirar todo
lo que nunca hemos visto
a amar lo nunca amado

hasta hacer del día y la noche
del mar y el ayer
de tú y yo
una sola flor

creciendo en el tiempo
de los seres buenos

8

Aquietando el espíritu tiro líneas
y las líneas de la mano derecha
se me confunden
con la líneas
del ferrocarril al norte

    entonces
descorro las cortinas del vagón
y me introduzco en el espejo
como un personaje de fantasía
    respiro el aire
y el aire se materializa
como una estatua transparente

    la luz pasa por el cubo de vidrio
y un arcoiris de indecibles colores
me deja sentado en mi silla de siempre

observando asombrado las líneas de mi mano

9

Siempre en mis sueños aparecen trenes
detenidos
trenes obstaculizados por murallas
imaginarias
siempre quietos y en silencio

su humo lejano se pierde sobre
el horizonte más lejano
como un pensamiento escapándose
del tiempo

10

Continuamos sin entender
esa 'brusca frenada del tren
que nunca partió'

Entonces
entre partidas y frenadas
nos encontramos abandonados y solos
en una olvidada estación del infinito
sin trenes ni viajes espaciales
      partiendo y frenando

sin movernos ni un sólo centímetro
de un tiempo que los ojos ya no logran ver

11

Queremos sentarnos en el primer asiento
del vagón principal

estirar las piernas
y sentir el suave tapizado del asiento
    entonces dentro del sueño
      deseamos soñar a toda máquina
como si en ello nos jugáramos la vida
o la muerte

Y el tren parte en ese instante
mientras nosotros continuamos dormidos
en el primer asiento de un vagón
    que no está en el sueño

12

El viaje puede ser cualquier cosa
    ver que se abren los ojos
    un paso hacia la esquina
    un saludo de alguien que ves
    y no conoces
    una mirada distinta
    al espejo que te mira

El viaje puede ser cualquier cosa

El viaje nunca va fuera de ti

Tú mismo eres el viaje

LOS QUE NO VEMOS DEBAJO DEL AGUA

La verdad absoluta es como el color blanco
pronto muestra picadas de pulgas

La verdad es una inquietud permanente
una reunión prohibida una puerta (x)
clausurada un muerto en la calle

DESDE HOY

Desde hoy intentaremos comunicarnos en latín
Y no debe importarnos
Ser Carlos A. Trujillo Juan Núñez Pérez
O cualquier anónimo cesante

Desde hoy seremos Tito Lucrecio Caro
Marco Valerio Marcial --quien vivió
entre el año 42 y el 102 de la Era Cristiana--

Total no todo ha de ser cosa de signos

Lo que hay que decir
        hay que decirlo

Y ...
    "Tu es ille vir"[8]

---

[8] "Eres ese hombre" (palabras del profeta Natán a David).

MEDITACIÓN A MEDIA VOZ

> *"En el País del Cierre Eclair*
> *el pecado más grande*
> *es abrir la boca"*

Cómo poder contarles
que la verdad está siempre presente
como en una oración siempre de moda
en la boca de los fieles:
"En la Tierra
     En el Cielo
          Y en todo lugar"
Y saber de todo lugar de la tierra y del cielo

Cómo explicar
     Cómo entender
          Cómo probar
Que la verdad
     Es algo más que un gol
En el noticiario de las nueve

     Y ser entendido con exactitud
     Por los señores auditores

LA VERDAD ES IGUAL

La verdad es igual en inglés o en francés
La verdad es igual
En italiano en alemán en ruso
La verdad es igual
En castellano en aymará

La verdad era igual
Para la primera gente de esta tierra
Mapu: *tierra*   Che: *gente*

Para los orejas cortas y los orejas largas
Del ombligo del mundo
Para los zulúes de largas piernas

La verdad era igual
En la clásica Grecia
En la antigua cultura del río Nilo
En la alta cordillera de los Incas

La verdad es igual a la verdad
Con lentes
      Y sin lentes de contacto

BAJO SOSPECHA

Me encuentro constantemente bajo sospecha
Sospecho de mí mismo
        de mi sombra
Sospecho de la luz
        de los relojes
de las calles
        de los faroles
        que no se apagan nunca

Imagínate que sospecho de los paragüas
Y de todos los inviernos que llevan encima

De los feriados
        de las fotos de carnet
de los archivos

        S.O.S.PECHO
        de los subterráneos
        que hay dentro de mí

No sé por qué
        creo que estoy comenzando
        a sospechar de los jueces

LA VOZ DE TODOS

La voz de todos es apenas un murmullo sin
eco
un murmullo escondido en cinta de cassette
una grabadora destruida una pared rota
en el murmullo de todo este silencio

        (todas las voces son pájaros
        buscando alas para nacer)

EN UN DÍA COMO HOY

En un día como hoy cabría todo el tiempo en
una mano;
todos los temores cabrían en una mano,
todas las noticias;
los pacos y las esquinas,
los milicos y sus cuarteles;
todo el silencio y la duda;
los codazos a mansalva y los golpes a la ma-
leta;

cabría --no hay duda-- toda la incertidumbre
en una mano,
toda la furia, toda la muerte que se esconde
turbada ante la proximidad de tanta muerte.

Todo lo que hay detrás de esta cortina ca-
bría en una mano,
en una sola mano,
si no me la tuvieran amarrada a la otra.

DESTOS TIEMPOS

UBI BENE IBI PATRIA [9]

Urbi et orbi:
"Ubi bene, ibi patria"

Reflexión:
¿Deberemos retornar al latín?

PARA ESTA NOCHE IGUAL PARA ESTOS DÍAS

Para esta noche igual para estos días
para estos meses para estas semanas
para estas horas que no terminan nunca
roguemos que la palabra sea fructífera
      que la palabra sea verdadera
que sea fuerte y desnuda
como el dolor en el Monte de los Olivos
      que no se resquebraje la palabra

Para esta noche igual para estos días
para estos meses para estas semanas
para estas horas que no terminan nunca

que la palabra no caiga en oídos sordos

                Escúchanos, Señor

---

[9] "Donde se está bien, allí está la patria" (recuerda el verso de Pacuvio, citado por Cicerón: "Patria est ubicunque bene").

PARA ESTAS ROPAS DE COLORES

Para estas ropas de colores para estas banderas
para estas insignias para estos amarillentos distintivos
para estas escarapelas para estos trocitos de cintas tricolores

para estas imágenes de valor histórico
para los documentos que aún no se descubren

nada de museos, Señor, nada de museos

Sólo un poco de memoria
Y unos cuantos gramos de pasas per cápita

PARA ESTA NOCHE PARA TODOS LOS MAÑANAS

Para esta noche para todos los mañanas que se aproximan
para el único mañana que esperamos
para el único mañana deseable
te rogamos, Señor,
        ante esta olla vacía

OFRENDA

Yo te ofrezco, Señor, esta olla vacía
esta herida detrás de la oreja
este moretón que me duele en la cara

Te ofrezco
estos zapatos que suenan con el agua
esta chaqueta remendada una y mil veces
este disco escondido hace casi diez años

Yo te ofrezco, Señor,
una carga de recuerdos funestos
no sé cuántos quintales de calumnias
toneladas de zancadillas en despoblado

Te ofrezco
todas esas llamadas anónimas del teléfono
una familia con los nervios de punta
una y mil amenazas de bombas

En fin, Señor,
yo te ofrezco este mísero sueldo
este amargo sabor en la boca
este amargo sabor en los ojos

Te ofrezco
esta bodega de silencio acumulado
esta camionada de sobresaltos
y miserias sin cuenta
este trailer de hambres y angustias

Pero cuéntame, Señor,
cuánto falta para el final
de esta mala película

POST DATAS

P.D.
La rabia es un paquete
encontrado en la calle a mediodía

"Come nuestro pan y crece -me dijeron-"[10]

Y crecimos
Y crecí
Y seguiremos todos
Y seguirán creciendo
Los que aún
No empiezan a venir

Y seguimos
Y seguí
Y seguiremos todos
Y seguirán
En esta misma huella
Los que aún
No empiezan a venir

P.D.
    Pero entonces
    Habrá un camino nuevo
    Un aire más puro
    Un sol más nuestro

    Y no tendremos que avergonzarnos
    Cuando nuestros hijos
    Nos pregunten por qué

---

[10] Verso de Efraín Barquero.

No hay violencia sin violencia
Ni colores ni papeles ni cintas
Que puedan mejorarle el rostro

Un revólver ha de ser siempre eso
Y una bala
Más grande o más pequeña
Ha de ser bala igual
De todo corazón

P.D.
    Un revólver cualquiera
    Y una bala cualquiera
    Sin importar su origen ni su marca
    Llegan igual igual a su destino

En el papel tu nombre con mis letras
Mis mismas letras mi papel tu nombre
Mis bolsillos pelados y mis huellas
En silencio
Vagando como sombras

En el papel tus huellas
Como un sueño
De papel
Que se muere de distancia

P.D.

"No se engañe nadie, no,
pensando que ha de durar
lo que espera
más que duró lo que vio,
pues que todo ha de pasar
 por tal manera"[11]

---

[11] Estrofa de *Coplas a la muerte de su padre* de Jorge Manrique (s.XV).

EN BOGOTA A VUELO DE PAJARO[13]
(1985)

---

[13] Estos poemas fueron escritos en enero de 1985 en Bogotá, Colombia, y publicados por primera vez en la antología bilingüe *Shouting in a Whisper/ Los Límites del Silencio*, Latino-Poetry in Philadelphia/Poesía Latina en Filadelfia, editada por Frances Negrón-Muntaner.

BOGOTA

Dura ciudad entre las dos montañas
hace más real lo que sucede aquí abajo

José Emilio Pacheco:
Ciudad de la memoria

1

Se escuchan disparos en las noches bogotanas
Que me apartan del libro más pequeño del mundo
Gritos Insultos Bocinazos Pare ahí ¡Policía!
Y la noche que inmutable repite su rutina
Como un descolorido carrousel de caballos cansados

Se escuchan disparos en Avenida Jiménez de Quezada
Y en el televisor de la habitación 728
La cursi pareja de la telenovela
No parece inquietarse por las frenadas
Ni por las sirenas de los autos policiales
Que pasan por la calle como por otras telenovelas

La teleserie continuará su curso
Encuentros y desencuentros Besos y bofetadas

Ya es medianoche sobre este escritorio solitario
Ya es medianoche dentro y fuera de mí
Algo que no comprendo parece decirme
Que es media noche en casi todo el mundo
Y la nada es poco más que el pitito del teléfono
En otra noche que sin cuidado avanza

2

INTRIGA DE AMOR llena de luces la habitación vacía
No es el tono distinto de las voces
Ni los extraños nombres de las frutas:
Guanábana Curuba Banana Mamoncillo Granadilla
Que suenan como música nueva en mis orejas
Repletas de palabras que recién cobran vida

Todo está más allá
Como un arco iris desos que salen de noche
En las islas más australes

Pero todo está más acá
Más acá

Aunque tal vez
Demasiadamente acá
Para conseguir distinguirlo claramente

3

El reloj de la pared
Acaba de introducirme en un nuevo día

Veinticuatro horas por delante
Para dar muerte a este recién nacido

4

Escribo empecinado sin apartarme del contexto
Estoy aquí
    Y no puedo ni debo
    Escribir de otra cosa

Bogotá resuena por sus cuatro costados
Y no es culpa del M 19
    Del EPL
        Ni del Quintín Lame
Tampoco de Javier Delgado
    A quien el diario VOZ
    Acusa de fascista
    Desde todos los kioscos

Bogotá resuena esta noche por sus cien mil costados
Y hace cinco minutos no se oye ni un disparo

Sólo la soledad revienta en mis oídos

5

Esto no es Chiloé ni esta es mi casa
Tampoco están los míos
Ni su saludo en la mañana
El mar se encuentra a miles de kilómetros
Si es correcto el mapa colgado en la pared

Una noche más que deberé acostarme
En esta angosta y dura cama de hotel
Donde no dudo que daré mil vueltas
Antes de caer en el sueño

En verdad
Este Carlos Trujillo que está ahora aquí
Tampoco soy yo completamente

6

Desde la ventana que mira hacia Avenida
Jiménez de Quezada
Observo el Monserrate
En la cumbre su gran iglesia blanca
Que es casi un cohete
A punto de despegar hacia otras galaxias

```
                    ube
El teleférico  s         y              be
               ba            su
                    ja       y
```

A esta hora
¿Cuántas parejas de adolescentes
Se jurarán amor entre el río Gamboa
Y el cerro Millantuy?

¿Cuántas miradas se habrán trizado para siempre
Bajo este mismo cielo?

7

No escribas cuando no te sea absolutamente imprescindible

        O J O   P O E T A

La hoja de papel no necesita de falsas caricias
        Ni falsas agresiones

8

Ayer me puse mi impecable camisa blanca
Mi pantalón recién planchado
Mi corbata color café
Ayer caminé veinticinco mil cuadras
Respondí dos millones
Ochocientos noventa mil preguntas
Miré el reloj cinco o seis veces
En todas esas horas
Y si debo ser honesto:
Pareciera que ayer no me vestí
        Ni fui a ninguna parte
        Ni dije absolutamente nada

9

Sólo quedan tres líneas en la hoja
Y ustedes bien lo saben
Con tres líneas
No hay tren que llegue a parte alguna

10

¿A quién leer los poemas que escribo
A esta hora de la madrugada en ciudad extraña?

En el centro de Bogotá no hay siquiera murciélagos
Que puedan sorprenderse
Por estos papeles borroneados
Como de esos blancos pañuelos flameando como banderas
En esas lejanas noches de Tantauco
Que a tropezones guarda la memoria

12

POEMA CON NÚMERO CAMBIADO POR DESCUIDO DEL POETA

No se malentiendan estos escritos
      Como autobiográficos
Yo terminantemente lo niego
Aunque no distinga claramente
      Si soy yo el que escribe
      O mi reflejo exacto
      En ese cristal enmarcado
      Que repite mi figura

12

Una semana más sólo sería una búsqueda eterna
En esta sabana cubierta de pavimento y edificios
SIGA LA HUELLA
ENCUENTRE LA PATA DE POLLO MARCADA CON EL PREMIO
TOME LA BUSETA NÚMERO DESCONOCIDO
Y llegue allá donde tiene que ser
Como si en el impensado concurso se le fuera la vida
Sin haber razones para correr el riesgo
Quizás un nuevo asalto repetiría la experiencia:
Un temblor en las manos
Un gesto
Una palabra que se inicia en mitad del recorrido
Con todos sus canastos repletos de flores

Prefiero dormirme de inmediato
Y al hablante lírico lo golpeo sin lástima
Tratando de que pierda la conciencia

13

No solamente el alcalde de Bogotá
renuncia a sus "sagradas funciones"

Yo también renuncio -por hoy-
Y antes que me arrepienta

14

Atónitos   Frente al escritorio
Me descubrieron sonámbulos
            y fantasmas

Grande fue su impresión
No saludaron ni se despidieron

15

Amanece en Bogotá
Y se distingue contra el fondo nublado
El blanco santuario del Monserrate
Mi cuarto de hotel es una blanca cárcel
Y el carcelero mayor
                    Un negro teléfono mudo

16

Bogotá se parece a Santiago
El Monserrate aunque algo más alto
Luce igual al San Cristóbal
La miseria con su rostro de niña
Avejentada prematuramente
Vagabundea desarrapada en estas calles
Igual que en las nuestras
Los fraudes al fisco del alcalde mayor Pardo
Koppel

Son directamente proporcionales
A los de cualquier alcalde chileno
Fernando Brahm incluido y retratado
Para el recuerdo

AQUI
En este preciso lugar del texto
Yo soy exactamente igual a mí

                17

Cada poema tiene su propia historia
Cada mordedura de perro
Cada sentencia

Cada piedra tiene su propia historia
Desconocida siempre
Por el natural desgastamiento de las cosas

Cada marca tiene su ritmo y su principio
Su ir y venir
Envejeciendo
Como la hora en el verde reloj de la esquina

Cada palabra tiene su causa y su término
Su razón
Su prístino objetivo

Hay veces que el silencio
Es una mordedura de perro
Una piedra que no sabe de su historia
Una ola de mar que va y no regresa
Una hora cualquiera
Súbitamente envejecida en una rama
Y sepultada para siempre en el recuerdo
                    Que ya es bosque

LA HOJA DE PAPEL [14]

---

[14] Este libro fue publicado en Santiago, el año 1992. Los poemas de la sección titulada "La hoja de papel" fueron escritos en Castro, Chile (1983); los de la sección titulada "Hojas sueltas," en Filadelfia, EEUU (1989-1991).

HOJAS SUELTAS
(Filadelfia, 1989-1991)

ACERCA DEL OFICIO

Armo las palabras en este interminable rompecabezas
No es un cuadro ni un edificio ni un paisaje
Armo una estructura de palabras sobre la hoja plana
Converso con ella
Pregunto y me responde
Busco distintas formas
Para encontrar respuestas a todas mis preguntas
Ordeno las palabras en este interminable rompecabezas
Y a veces quedo dentro
Sin encontrar la puerta de salida.

ESCRIBIRÍA MUCHO MAS SI NO SINTIERA ESTA HAMBRE

podría quedarme todo el tiempo
o imaginar un tiempo de palabras
crear un tiempo de sonidos y construir ciudades
callejuelas y edificios
animales pastando en lomas verdes
soles apareciendo y desapareciendo detrás de una montaña
podría quedarme todo el tiempo como en éxtasis
e ir descubriendo en cada línea
todo lo allí hasta entonces invisible
comprender que adonde vaya iré siempre repleto de palabras
que basta soltarlas
como el barco que leva anclas y suelta amarras
en busca de otro puerto
vería que todos los puertos van dentro de mí mismo
y que dentro de mí llevo todas las rutas
si no fuera por esto
escribiría nombres que traerían historias atadas a sus sílabas
recuerdos de historias no vividas
olvidos de historias por vivir
podría quedarme todo el tiempo
escuchando las voces de estas letras
los sonidos de las palabras juntas
sentir el aire que fluye sobre la hoja
inquietarme
calmarme
enmudecer al final de cada página.

VEINTE DÍAS DESPUÉS EN LA MAÑANA

Veinte días después, en la mañana,
cuando abro el cuaderno simplemente
me encuentro con el poema que nunca hice
y que ha dejado intacta esa hoja en blanco.

AQUÍ ENTRE NOS

Aquí entre nos plagiándome a mí mismo
y aparentando novedad total
descubro el verso aquel que es este mismo.

ESTACIONES

Hay muchas estaciones en los poemas
muchos trenes
mucho sur en los poemas

y entre tanto tren y tanto sur
y tanto tiempo muerto
silbando como un mendigo en los andenes
la libertad
parece haber perdido el camino entre la lluvia.

COMO UN GALOPE EN LA HOJA

Así no más como galope en la hoja como mano mordida en la penumbra como pobre señuelo de la nada veo un simple mañana a borbotones borroneado en la fotografía oculta en el oscuro vientre de esa vieja cámara fotográfica que aún no compro
así no más medito largo rato como un viejo silencio detenido en la punta más honda de la historia mientras en algún laboratorio de un futuro no hecho las sombras de estos minutos van tomando

color en el papel en la negrura a medias de la cámara oscura.

NO UN REGRESO A MODO DE OTROS TIEMPOS

No es un regreso a modo de otros tiempos
simplemente es un uso
      no abuso de paciencia
Formo pacientemente mis ideas
      no en escuadrón ni fila
las libero las dejo ir por allí
      son manzanas caídas en el huerto
Quienquiera las recoja y las mastique
      un mordisco quizás no más no baste
un apretar de dientes   un trozar   un moler
      pueden dar más nobleza a la palabra
Masticar   masticar y   masticar

Post-data:
      Oye lector:
      Digerir es lo más importante.

SI USTEDES ME PREGUNTAN

Si ustedes me preguntan en verdad
hasta aquí no sabía adónde iba
con el poema es claro
que mis pasos me llevan donde siempre
donde vaya este bulto que los lleva
Hasta aquí no sabía adónde iba
detenido en el medio desta frase

sin puntos y sin comas
sin acentos sin puntos suspensivos

Post-data:
>>Al fin a fin de cuentas
>>El lector es quien tiene la palabra.

SIGNOS

Cada tecla de la máquina de escribir
Corresponde a un tipo --una letra o un signo--
Cada dedo que golpea una tecla
Empuja un tipo que golpea la hoja de papel
Cada hoja de papel que se pone en el rodillo
Se repleta de letras y números y signos
Cada tecla golpeada por mis dedos
Es un trozo del tiempo

que escapa deste yo
que sentado en la silla golpea las teclas desta máquina.

CONSTRUYO MI POEMA COMO UN BARCO O UNA CASA

Voy al bosque por las palabras más robustas
Para dar forma a las bases y las cuadernas
Los mástiles y pies derechos
Todo comienza a acumularse
Haciendo un bulto que rompe el horizonte

Retorno al bosque
Por palabras más flexibles y aromáticas
Las escojo una a una sin ruidos
Que puedan atemorizar a los pájaros

Vuelvo al pueblo que aún no existe
Con mi carga preciosa sobre el hombro

Camino, canto, silbo, pienso, sueño
Y parece que el viento es quien lleva mi carga

Poso una a una las tablas sobre el suelo
Que empezaré a cubrir
      Para construir mi casa de palabras.

NO TENGO PLANOS

No tengo planos y no soy arquitecto
Apenas pobre diseñador de casas de juguete
      Juego a construir la casa
      Y la casa entra en el juego
      Creciendo más allá de todas las fronteras
      Sin oír ni consejos ni cuidados
La casa se levanta sobre sus propios pies
Ocultando su sombra al mediodía
Abre sus ventanas
Y a todos les permite el ingreso
A través de sus puertas
El blanco humo de su chimenea
Saluda al sol en los días más azules
Y estornuda con fuerza al primer cambio de temperatura
La casa vive su propia vida

Esta construcción de palabras que es mi casa
No es más mía
      Que lo que pudiera serlo esa estrella
Donde habito desde siempre sin haber vivido nunca en ella.

LEYENDO A CARDENAL

    Para Aydé

    "Tú eres sola entre las multitudes"
    (Ernesto Cardenal)

Eres sola en todas partes
No me cabe duda
Aquí o allá
En cualesquiera de mis mundos
Tú eres sola como solo soy
Como cada hoja del árbol
Cada mínima semilla del soñado deseo
Y ayer no estabas en el estadio
Como la mujer en el poema de Cardenal
Ni yo soy Ernesto Cardenal
Y mi barba es negra todavía
Ni yo fui al estadio ni salí de mi casa
    Estuve simplemente aquí
Nadando entre mis libros
Y tú estabas en cada página
Dese mar que no ahoga
En cada frase
    palabra
    margen blanco
Que llega hasta el borde de la página
Como si todo lo existente fueras tú
Y yo
    El único habitante
    Dese universo

ESCRIBO SIN PALABRAS

El piso que recibe mis pasos no conversa
Con otros pasos que suben la escalera
Camino pasos mudos
Para no despertar al silencio que duerme en esta casa
Las paredes conversan con miradas de olvido
Y las fotos colgadas
No se miran como fotos que se han visto
Casi toda su vida
La puerta no se abre
Y todo el tiempo adentro se detiene
Aunque el reloj camine la ruta de las horas
Escribo sin palabras
Para hablar del silencio que habita en esta casa
Y enmudezco de voz y de escritura
Como si en este mundo
Casi nada necesitara ser dicho.

BECQUERIANA

Volverán las oscuras golondrinas, Bécquer,
Y volverán las nieves y las lluvias
Y el té, el café con leche, el pan, la mantequilla;
Volverán, ya lo sé, las clases y los libros
Y las tareas y el estudio hasta la amanecida;
Volverán también los pies mojados
Y el frío que se enamora de las orejas rojas,
Volverán igualmente
Los llamados telefónicos
Y los avisos comerciales en inglés,
Pero mi ayer, Gustavo Adolfo,
Mi ayer con su mañana tarde y noche
Ese no volverá.

LIBROS

Veo la mesa cubierta de libros
Y recuerdo un poema de Carlos A. Trujillo
como si fuera de otro
Y otro poema de Jorge Velásquez
que habla de páginas impresas
Y de un viaje en el bote inevitable
No veo botes por ninguna parte
Y la pantalla del televisor trae a una hermosa chica
En traje de baño
Cambio el canal
Y aparecen multitudes de chicas en minúsculos trajes
Me desaliento y no quiero continuar sintonizando
Que quizás la habitación se me llene de chicas
Y no haya espacio libre en tan pequeño cuarto
Para colgar o tirar por el suelo
Tantas prendas menudas.

TEMORES DIURNOS

1

Aterradoras las misteriosas palabras que no entiendo
Ogros y fantasmas
Saliendo de una **a** que suena **éi**
Asesinos encapuchados debajo de una **t** impronunciable
Palabrasacarreadorasdemisterios
      Inventorasdetemores
Voces pegadas al papel
    Sin voz
        Enmudecidas sobre la hoja blanca
        Frías como sacos de sal
        En bodegas oscuras
Bajo cada palabra misterios indescifrables
Sin imagen visible en mi cerebro
      Hoja blanca
          Noche negra

2

Me atormentan esos papeles que me agreden a diario
Que encuentran la ranura precisa
El momento sin aire para el respiro
Me atormentan esos papeles
Sus mensajes inquietantes
        Su todo o nada oculto
Adentro de un reloj que no puede romperse
Diario martirio la palabra colgada en las paredes
      la palabra en el formulario
        en la nota en el aviso
En la infame noticia que no puedo meterme en los ojos

Me crucifica diariamente la palabra

En su extraña envoltura

Me hablo y no me escucho
Me oigo y no me entiendo

3

Escribo estas palabras y otras muchas
Para que puedan respirar su propio aire
Para que puedan descubrir su propia alma

4

Acudo a la máquina de escribir
Sabiendo que en sus tipos se encuentran todos los poemas
Tecleo y los busco día y noche
Soy el explorador que va tras las palabras
Ocultas en los tipos de la máquina
A veces los encuentro
Hay veces que un poema
Se atreve a aparecer en la página blanca
Soy un explorador de la palabra
Hay días que descubro algún diamante
En medio desa tierra

5

Apurado escribo estas últimas líneas de la página
El tiempo me persigue
Se acerca velozmente sobre sus grandes ruedas
Apresurado escribo
El tiempo ya me atrapa entre sus garras

6

COMO SI ESTUVIERAS

Como si estuvieras te hablo
Y mis palabras hacen
Que yo te vea allí

Como si estuvieras te pregunto
Y tus palabras me responden
Como si estuvieras allí

Como si estuvieras yo te observo
Y mis ojos te crean al instante
Como si estuvieras allí

Estiro la mano como si estuvieras
Y mi mano coge sólo el vacío
Que está allí

CHILE 1985

Me miro en el té de la vieja taza de loza
como en otro poema
y ahora no me veo
ni veo el poema
reflejado en el té de la taza
ni el mantel
ni la taza
ni el té

y sobre la mesa
sólo una miga de pan
y una orden de remate.

LA HOJA DE PAPEL
(Castro, 1983)

hoja 1

Acuso solemnemente   Acuso
Casi trágicamente   Acuso
Melodramáticamente   Tragicómicamente
   A LA HOJA DE PAPEL
   de coartar la libertad de mis escritos

hoja 2

Acuso casi míticamente
-Y que Dios me perdone
　　Si es posible-
　　"YO PECADOR
　　ME CONFIESO A DIOS"
　　De lo escrito en la hoja de papel

hoja 3

Acuso de exigir
"No cantéis más la rosa
Oh Poetas"

En papel milimetrado
Escribid

hoja 4

Acuso a la hoja de papel:
La acuso de enmascararse de rectángulo

La acuso de blanca
De pálida
De hipócrita

(Todo lo aguanta el papel)

La acuso de plana
La acuso

Acuso a la hoja de papel:
La acuso de voluptuosa
De enajenada
De dos caras

La acuso de terrible
Cazadora de incautos

De esotérica

Simplemente

La acuso

hoja 5

Acuso   Humildemente acuso
Terriblemente acuso   Acuso
Calladamente   Paradentro   Paradentro

Corazónicamente

A esta mísera hoja de papel
TRAIDA Y LLEVADA POR EL VIENTO

hoja 6

Acuso ver a veces
Mi sombra como un timbre en el papel
Y confundir a veces
Mi sombra y el papel
Como sombras de sombras de papel

Montones de papel
    Bajo mi sombra
Sobre sueños que simplemente sueñan
Sus semisimples sueños de papel

hoja 7

Acuso verme a veces
Completamente adentro del papel
Mis manos   Mis cabellos
Mis rodillas llenas de cicatrices
Palabras y palabras
    Un ojo en una línea
    El cerebro completo
    En página 50

En páginas siguiente y subsiguientes
    Un montón de palabras por decir

    Un montón de palabras por rehacer

hoja 8

Acuso yo señor
Sí yo Perdón Usía
Humildemente acuso
Yo señor

Vengo por el papel

Perdone la ignorancia
    Señor Juez

En Juzgado de Letras
Deletreemos la causa
    Señor Juez

      Acuso

hoja 9

Acuso idiotamente   --única vez--
    Lapsus trabalinguae

(NO ES CULPA DEL LIBRERO SEÑOR JUEZ)
    Si el papel se empapó de moretones

hoja 10

Acuso ácidamente
Amargamente Oscura y agriamente

Acuso duramente
Enajenada y alienadamente

Acuso itinerante
Infinitesimal y estoicamente:

ESTE PAPEL ES UNA GUILLOTINA

hoja 11

Acuso a la hoja de papel
De abusar de las líneas paralelas
De tirar líneas rojas al costado
Líneas rojas muy cerca del abismo

Acúsolas de arbitrariedad
Llamémosla a terreno Señor Juez
Torzámosle el cuello sin chistar
Averduguémosla por arbitraria

O transformémosla en volantín

hoja 12

Acuso sin razón
El papel a los ojos mírame
Pálido mírame

Me   po ne   tar ta mu do
Me   mi ra   con   sus   oj os

Mí ra me

Acuso sin razón
Soy semirracional en estos casos

hoja 13

Acuso
Reitero mi posición de fiel acusador
Amerito la causa
Insto a todo el silencio
A ponerse en mi boca

Fiel a mi temple
Acuso Señor Juez:

La hoja de papel me envuelve en su blancura
Me agita   Me marea

ATA DE PIES Y MANOS A MIS PIES

hoja 14

Yo acusador no reniego de Dios
  Oh Dios del Cielo
    No me quemes las manos!

(Dónde esconder esta hoja de papel!)

hoja 15

Yo acusador
Enumero 50 acusaciones

Abordo todo tipo
Toda forma de hojas de papel

Enumero 50 acusaciones
Y podría encontrar
Aún otra docena
Señor Juez

hoja 16

Meditativo acuso
No soy dubitativo de apariencia

En verdad
En verdad
Seré dubitativo   O no seré
Más que un simple
Y común acusador?

        Discúlpeme la hoja
           Señor Juez

HOJAS EN BLANCO

Tema de redacción: El papel del papel en la poesía...

"hoja en blanco"

"hoja en blanco"

"hoja en blanco"

"hoja en blanco"

(Cualquier lector-redactor-crítico-criticón o estudioso de la poesía puede agregar las hojas que sean necesarias para la elaboración del trabajo y que el poeta acusador y/o acusado no incluyó por falta de papel)

VARIACIONES
SOBRE "LA VEJEZ DE NARCISO"[15]

---

[15] Variaciones, juegos retóricos, en torno al poema "La vejez de Narciso" de Enrique Lihn, fueron escritos el 26 de agosto de 1998.

I

Me miro en este rostro
Y no veo el espejo que es mi rostro
Pasan caballos, se escribe, a veces llueve
Multitudes de soles se miran a los ojos

Al fondo del paisaje
          Sólo pájaros
Que sólo ven el vuelo de otros pájaros
Dibujando sus notas en el río.

II

He desaparecido
Vacío llora el espejo
En su forma sin sombra

Anclado en otro ayer
Sólo queda mi rostro
Sin terminar de descubrir
Su signo.

III

Miro mi rostro anciano
En un espejo viejo
"*El espejo es mi rostro*"--como diría Lihn
Porque de tanto verlo, de tanto verme y verlo
Ni espejo, ni vejez, ni silencio me llaman
Sólo un hueco trizado
En medio de la noche.

IV

A NARCISO

No mires el espejo que te muestra otros rostros
Ya no quedan espejos
Que de tanto mirarte en su fondo sin vida
Se te ha vuelto ojo turbio
Agua de río oscuro

No mires el espejo
Que no es mirarte a ti, pobre Narciso
En el cielo hay palomas que no ves
Y un árbol que te acecha veinte pasos al frente
¿Ves la fiera que había sobre el árbol
compartiendo tu rostro en el espejo?

¿Ves la fiera encantada sobre este verde césped?

V

De tanto verme soy el que no veo.

VI

El todo se confunde con la nada
Entre el todo y la nada no hay pena ni reproche
Se vuelve sol la noche iluminada
Que la nada está en todo como el sol en la noche.

VII

Me busco en un poema y no existe el poema
Sólo letras sin nombre que dibujan mi rostro

VIII

Me busco en la palabra que acaba de partir
La palabra es un aire que crea su respiro

Me busco en la palabra que no está en el papel
Sólo veo a lo lejos su bella arboladura

Me busco en la palabra que todavía no es
Invento la palabra que me inventa y respira

IX

Me miro en este rostro
Y no veo el espejo que es mi rostro
Pasan nubes, se escribe, a veces llueve
Miles de ancianos soles se miran a los ojos
Consternados

Al fondo del paisaje
         La hoja en blanco
Y en sus alas el vuelo de unos pájaros
Rema y rema a un océano sin tiempo.

MEMORIA DE NO SER
(1994)

*He llegado a mis inseguridades definitivas.
Aquí comienza el territorio
donde es posible quemar todos los finales
y crear al propio abismo,
para desaparecer hacia adentro.*

(Roberto Juarroz)

Mañana pasaremos de largo sin reconocernos.

(Humberto Díaz Casanueva)

NOTA INDISPENSABLE

Me he descubierto en fotocopias borrosas de innúmeros periódicos que hablan de cosas que no me dicen nada. Me he descubierto en fotografías y pinturas antiquísimas en medio de gente que desconozco, andando lugares que nunca he pisado o que mis ojos (que creo son mis ojos) no saben si existen más allá de tales fotografías y pinturas.

Una vez me sentí mirado, ardorosamente mirado, por un ser parecido a lo que creo ser. Fue en un museo del Norte de América. Iba distraído por una de las galerías esa mañana de domingo, en medio de centenares de rostros que navegaban ese mar ondulante de ojos y pinturas.

No recuerdo exactamente cómo fue, pero en un momento comencé a sentir la picazón de una mirada taladrándome el cerebro. Era ese yo del que hablo volando en las alturas de un cuadro del siglo catorce o quince. Imaginé que no quería ser descubierto en el momento de su imprudencia, de manera que soporté la mirada tanto como pude. Quería parecer distraído, totalmente fuera del mundo.

Cuando creí haber conseguido mi objetivo giré con la rapidez de un pestañeo para mirarla frente a frente obligándola a mantener firme la mirada. Cuál no sería mi sorpresa al ver que en el lugar donde debía estar su rostro sólo quedaba una mancha fresca todavía como si alguien acabara de pasar un trapo empapado de aguarrás sobre ese preciso pedazo de la tela.

Estoy armando un libro de poemas con escritos--poemas, imágenes, versos sueltos--de otro(s), pero tampoco estoy seguro de si esos otros existen o son solamente otros múltiples rostros borrados de otros cuadros, de otros siglos, desparramados en museos de éste y otros mundos.

I

MEMORIA DE NO SER

*"Resignado(s) a la inevitable
imposibilidad de la permanencia"*[16]

---

[16] Mariquina, José, "Notas sobre la literatura en la Décima Región." *Simpson 7*, Revista de la Sociedad de Escritores de Chile. Vol. 5, Primer Semestre 1994, p. 217.

1

CALCOMANÍA

El sueño se reconoce
Intenta el suicidio
Se agita
Cree perder el aire
No llega a caer muerto
Pare otros sueños
Que se sueñan a intervalos
Resignados
A la inevitable imposibilidad
De la permanencia
Que pare inevitable
La imposibilidad de la permanencia
Que pare la imposibilidad
Soñada inevitablemente
En una hoja de papel
Donde un sueño soñado por sí mismo
Escribió resignado ya
A la inevitable
Imposibilidad de la permanencia
Que es lo único permanente
Con su rostro invisible de dios
Dirigiendo su orquesta de silencios
Sobre todos los sueños.

2

Tal vez soy sólo un mapa
oculto por los muros de la historia
Un mapa de continentes
desaparecidos
con pueblos que ya hicieron todo lo
que ahora se repite

Sin saber la existencia de su modelo exacto
en las oscuridades de otra historia
prolongada por múltiples senderos
En mi lomo de cuero de vaca
hay señales de todas las culturas
Están escritos en lengua
intraducible
todos los poemas
Esos mismos que iluminados vates
creen estar escribiendo por primera vez

En ese ayer tampoco tuve nombre
ni lo tendré en los mañanas
que sea necesario permanecer

3

Tal vez soy el recuerdo de un recuerdo
que nunca se ha cansado de serlo
Mi sola profundidad es la del tiempo
encerrado en mi vaso de cristal

Mi fragilidad está en la memoria
de los que leen estos versos

4

Tal vez si vamos más allá
--atrás y más atrás hasta encontrar la luz
que dicen hay al fondo--
todo pueda ser visto
Posiblemente recuerdos
de recuerdos se hayan ido acumulando
unos sobre otros
en esa geografía desconocida

Seguro que todo lo vivido
es una montaña más luminosa que el sol.

5

Tal vez me navegaron en mares borrascosos
fui caballo alocado
crines alborotadas en medio de la tormenta
Agua   Sal   Viento   Noche

Más de una vez habré conocido el miedo
lanzazo tras lanzazo de las estrellas
Quién sabrá si no entablé combates
a costa de mí mismo
El mar fue mi gran casa de puertas abiertas

No sé si siempre pude permanecer callado
Pero vi insolentarse a las olas
cuando los monstruos blancos

salieron de sus costas
bautizando geografías
en las que ellos eran los únicos extra-
ños.

6

No pregunten quién fue el inventor de
la escritura
Todo el mundo es un signo
Los sonidos aullaban
Aun antes que el viento visitara estas
costas
La gran voz habitaba en la montaña
El más grande silencio era sonido
La caza era la cosa necesaria
Aire   Luz   Día   Viento

Yo fui arco fui flecha
Dibujé signos de signos en el aire

7

Para hacer menos triste el saberse no siendo
No ser no haber sido siquiera
Una mugre en el ojo del crítico oficial
Me miro en el retrato
Que hicieran estas manos
Si existieran
Aunque fuera en la mente
De algún celoso yo
Sin más ojos que tú,
Pobre lector.

II

POEMAS QUE PEDI PRESTADOS[17]

DEURIBE

(Sin mí, todo va a ser "sin mí",
es decir no va a cambiar sino en una palabra,
la palabra yo que va a ser la palabra no.)

---

[17] Consciente de que los poemas no son más del poeta que del lector-- y que éste hace con ellos lo que le venga en gana--, todos los versos de esta sección, excepto aquellos en *bastardilla*, este particular lector los tomó de Mario Contreras Vega, Sergio Mansilla, David Miralles, Rosabetty Muñoz, Nelson Navarro Cendoya, Nelson Antonio Torres, Nelson Vásquez y Maha Vial.

1

Cuando mi alma y la tuya
se desvanezcan como los sueños
y --*a pesar de eso*--
amanezca más limpio el cielo desta tierra
alguien nos mirará soñoliento
con sus ojos llenos de barcos y marineros
en medio del viejo invierno
que viene quebrando sonoros cristales.

Entonces, como ahora,
el viento dispersará el polen de las flores
Una muchacha cruzará el puente solitario
El horizonte estará cubierto de milagros.

2

Entre sus mismas hojas la muerte juega a perderse
Se acerca el día del juicio final, my crazy baby
Sus hojas todas fresquitas
Se abren en cruz como los náufragos.

3

Se acerca el día del juicio final
Sus hojas todas fresquitas se abren en cruz
Voy solo por el mvndo
Des armado sobre viviendo
Mirando *con ojos vuestros*
El *viejo* invierno que viene quebrando cristales
El viento dispersa el polen de las flores
Yo estoy *solo*
Detrás de tu estatua *que orina a la noche*

4

Una muchacha cruza el polen de las flores
El viento de ojos *zarcos*
Llenos de barcos y marineros
Dispersa el puente solitario

No cabe duda, baby
La paleta del horizonte está cubierta de milagros

5

Cuando mi alma y la tuya
Se desvanezcan como los sueños
Y --*a su pesar*--
Amanezca más limpio el cielo desta tierra
Todos los hijos deberían ser míos/tuyos/nuestros
Para que *en* sus palabras *escuche* el peso de los años
Y vuelva a ser niño otra vez
Como nunca

Hijos míos:
El horizonte está lleno de hojas fresquitas
A la hora en que los astros se mudan los pañales

6

Al llegar la noche
Cuando mi alma y la tuya
Amanezcan más limpias que el cielo de esta tierra
Un viento oscuro
    hará crecer y rodar
        las primeras
           piedras
              de la guerra
                  maltratando
los ojos

Según me han contado,
Así es como se hace toda historia.

III

LO QUE NO FUE

Si hubiera sido yo
Tan solamente yo como yo fui
¡Oh pobre Dios! ¡Qué sería de mí!

1

Tal vez no fui sandalia de viejo peregrino
ni pluma colorida de martín pescador
confundida en las quilas del Gamboa
pero volé
caminé por lugares que no han visto mis ojos
y por otros
que nunca hollarán otros pies.

2

Buscamos la palabra
y no siempre encontramos señal de la palabra
el anzuelo no da en el justo medio
y ese punto difuso
puede estar al comienzo
o ser amplio final de lo no escrito

Cada puerta que se abre
es un niño que aprende a ser nariz
y empieza a disfrutar de los olores

Sobre sus cuatro patas
Micifuz arrebata
las señales que laten en la hierba.

3

Buscamos la palabra
y no siempre encontramos la palabra

el anzuelo no da en el justo medio
y ese imán sin memoria
puede ser el comienzo
o ignorada señal de otro vacío

o tal vez otro huevo
muriéndose de frío

derramando hacia adentro
miles de continentes sin aliento.

4

TAL VEZ
Un día fui cuaderno, libro
de notas, hoja a medias
borrada y olvidada
bajo el mantel del restaurant más pobre
Sentí codos huesudos, vasos fríos,
golpes de puños, corretear de dados
apenas separados
por el mantel de hule que olía a vino tinto
Sentí rasguidos y rasguños de lápiz
en mi piel
Nunca llegó la voz de una canción:
golpes y forcejeos gritos ebrios
palabras perdidas en las voces
Sentí al mundo en mi espalda
y fue el tiempo marcando su tatuaje
en cada arruga
coloreada de olores.

5

Tal vez fui letra o número
de la única cifra

Incontables arqueólogos han buscado
la clave

Fui parte del enigma
Fui silencio
Voz contenida
Milagro guardado bajo las vendas
de una momia de anciano

Siempre el enigma viaja de la mano
de la llave que sabe su ojo ciego

6

Si hubiera sido Borges
cerraría los ojos
para ver.

7

Si hubiera sido Cristo no aceptaría altares
ni miraría arriba para no quedar ciego

De lo alto a lo bajo
De lo bajo a lo alto
No hacen diferencia

Si hubiera sido Cristo
Hasta mi carne se habría hecho cruz.

8

Olvidémoslo todo
--el mar, el vino tinto
las cansadas banderas--
Imaginemos todo poco a poco
Palabras más o menos

Elaboremos nuestro nuevo mundo
sin usar carabelas
Se oyen malas noticias al respecto

9

De haber sido dios griego
o dios romano
o simplemente un dios
de cualquier parte
las aves seguirían
todas cantando a coro
ausentes ya
los cantos gregorianos.

10

Parado en la señal del fin del mundo
juego a buscar la salvación del alma

Juego y alma persisten
tras el fin.

11

TODOS LOS CAMINOS

La aguja del mañana es invariable
Yo me conformo con llegar a Roma.

IV

EL PAIS QUE HE HABITADO [18]

---

[18] Los dos poemas que conforman esta sección están construidos a partir de las propias voces de los poetas sureños seleccionados en la antología *Poetas Actuales del Sur de Chile*, de Óscar Galindo y David Miralles, Valdivia: Paginadura, 1993.

DE LA POESIA ACTUAL DEL SUR DE CHILE

(Elegía)

El viajero discurre por las páginas del barco
y descubre otros rostros que parecen él mismo

1

Para que el aire sea respirable
He corrido a recoger el sueño de mi pueblo
Alguien despeja la calle
Queda sólo una imagen en todos los ojos

    SALE LUZ
              De todo aquello sale luz

Nada detiene el remolino

Una ciudad se acerca navegando
¡Pobre tortuga picada de muerte!

2

Me leo a mí mismo:
Creo que hay pájaros cerca del mar
Picoteándome sin cesar el corazón

En este cuadro
La muralla china es nada más que la muralla china
Un ojo en la cara es siempre el mismo ojo en la cara

Entre el humo oscuro te voy a contar una historia
Así como me he derramado en tu cuerpo

He contado mis secretos
              Mis trizados fantasmas
El dolor de ser trapecista(s) de la muerte

Sorda es la noche

En la puerta, por un momento, se detienen los cometas

3

Solo estoy para la isla del olvido, me digo
Oigo otra vez tu dulce canto, abuela
Se explicarán ahora mis frecuentes ataques
de mudez
Era sólo una cuestión de palabras

Pero después de todo
Pienso que habrá tiempo
               Mucho tiempo

Aletearán desolados los huiros en las bahías
solitarias
Suspensos azules quebrándose en miríadas
de garzas

No hago recriminaciones ni me lamento

Atrás
          El polvo

La Historia sólo recolecta monedas falsas.

VEINTE AÑOS DE POESIA DEL SUR

*"Les sirvo mis menudencias
mientras me arrebatan tiernamente
el país que he habitado tanto."
(Rosabetty Muñoz)*

1

Siempre el mismo paisaje barrido, las mismas tormentas
Canales de antojos, adelgazándose y abriéndose
        Sobre las aguas el frío
ESTA ES UNA JAULA QUE PASA
Uno no es el centro del mundo
Este lugar de la tierra no es el centro

Recordaréis a las blancas susurrantes:
       ¡No le escuchéis!
           ¡"Haced oídos sordos!
Bien sabíais que no se trataba de exorcismos ni taumaturgias

SOLO TIEMPO Y LLUVIA

2

La poesía no sirve para nada, me dicen
Pero es azul
El cielo azul aún es azul, dicen los machis

UNA VOZ: --Roja es aquí la tierra
         Y verde está en el cielo
         la morada

OTRA VOZ: --Verde está aquí la tierra
          Y el cielo está rojo como un
          infierno

Detrás de la niebla el planeta minúsculo de mi cuerpo
Bajo los mandatos del siglo

NO PUEDO
OLFATEAR
LA LIBERTAD

Tenemos una visión pegada a las pupilas
Pero no sabemos si son datos de la conciencia
O restos del sueño.

3

Apuráos que ya llega un galeón
Mancebos azulados
Patrullan por las nubes del antiguo cielo

La noche nos reduce

Aún no sabes cuál de todas las estrellas es
la estrella

Sólo soñamos con las hermosas tierras que
no son nuestras
Vemos los valles anegados
Los animales sin cabeza
Las mujeres sin rostro

GRACIA DE LAS GRACIAS
          ¿Tendréis dispuesto el regazo?

4

Se quedan estos papeles a medio camino
en el límite de lo real y lo irreal
Vean tras esto un rostro
Un par de palabras
Que alguien lanza al azar

Nepey ñi güñum piuke
(Se ha despertado el ave de mi corazón)

Llamaradas de fuego donde mira mi alma
Mi mano me ha dicho que el mundo no se
puede escribir

V

FANTASMAS

*"El mundo está repleto
de anodinos fantasmas.
Hay que hallar los fantasmas esenciales"*
(R. Juarroz)

PROBABLEMENTE EL MENOS CONOCIDO

Yo soy probablemente
el más desconocido de los fantasmas.
Nadie sospecha de mi existencia
A nadie sobresaltan
Mis apariciones intempestivas
en mitad de la noche
Nadie me ve
No dejo huellas donde piso
El aire que respiro no sufre alteración
tras inflar mis pulmones
Todas las rosas son rosas
y su aroma colorea los sentidos
El verano muchacho de cabellos dorados
repartiendo sus guiños a bañistas desnudas
Agua y sal son gemelas a los ojos de las gaviotas
Yo soy
el menos conocido de todos los fantasmas

Hasta yo mismo dudo de pisar esta tierra.

ESPACIOS AJENOS

Habito espacios deshabitados ajenos a la historia
Páginas en blanco
Piezas oscuras
Espejos mohosos con olor a ayer
ausentados del tiempo en casas abandonadas
son mi único conocido paraíso
Descubro rostros que vuelven poco a poco
de otoños rumorosos
abriendo su alcancía de colores
a mis ojos ajenos
Hurgueteo su turbia transparencia sin fondo
Me revuelco entre objetos
y afectos de tiempos que no están

Los espejos son tan maravillosos
como los ojos de los gatos
donde suelo ocultarme por largas temporadas.

PASIÓN DE LA TINTA

Aprecio lo que no existe
con igual pasión que esta tinta
Cada palabra llena un pedazo de vacío
cada letra se hace ventana, ojo, camino,
inaugurando sentidos que no eran
hasta hace dos segundos
Me miro escribiendo
como si fuera otra persona
que mira sentada frente a mí
Veo papeles por todas partes
lápices, libros, estantes, fotografías
repletas de forma y movimiento
Palabras que se hacen y deshacen
Montañas de sonidos y silencios

platicando su idioma de signos confusos
Ríos de palabras desbordándose
sobre irregulares muchedumbres de sonidos
Armonías vegetales
cantando el gozo de la luz
Aprecio lo que no existe
con igual pasión que esta tinta que corre
senderos nunca hollados

Sentado frente a mí
no logro separar a la persona
de las palabras que la escriben.

TODO ES PROLOGO

Todo es prólogo de un libro que nunca
comenzamos
La luz es prólogo del color
y éste prologa las sensaciones que reciben los
ojos
Los ojos son prólogo de la mirada
y la mirada
es permanente prólogo del espacio que nos asombra
el asombro es prólogo de lo inesperado
y lo inesperado prologa inevitablemente
lo que todavía habrá de venir

Todo prólogo es prólogo de un libro que
nunca comenzamos
Toda primera página es página que existe en la
imaginación
La imaginación como el prólogo y las primeras
páginas
son la esencia del mundo que habitamos.

VI

A MODO DE FINAL

DEBORGES

*"MIRAR el río hecho de tiempo y agua
y RECORDAR que el tiempo es otro
río,
SABER que nos perdemos como el río
Y QUE LOS ROSTROS PASAN COMO
EL AGUA."*

INDICE

"Poesía Chilena en Chiloé: Carlos Alberto
Trujillo". Dr. Iván Carrasco Muñoz   7
Mis Límites o Fronteras Personales   35
LAS MUSAS DESVAIDAS (1975)   39
Una pierna sobre la otra   40
Pitecanthropus   40
Lo importante en la vida de un tornillo   40
Insectario   40
V   41
XIV   42
XV   43
ESCRITO SOBRE UN BALANCÍN (1978)   44
I. Escrito sobre un balancín   45
1   45
2   46
3   46
4   46
5   47
6   47
7   47
8   47
9   48
10   49
11   50
12   50
13   51
14   51
II. Instantáneas en negativo   53
Entré a la vida   53
Ayer me puse a recordar mis sueños   53
La poesía   53
Y no niegues que existes   53
Para ese mañana   53
Y todo perdía validez   54
Pero queriéndolo o no   54
Empiezo a familiarizarme   54

Cuando el tiempo pasó	54
Paso por la vida	55
No temo a la muerte	55
Entonces abrí las hojas del cuaderno	55
2010 (dos mil diez)	56
Esperamos una vida	56
La mañana apareció ante mí	56
Observa bien	56
Poema para una Navidad	57
Por el aire	57
El tiempo se ha ido apoderando	58
Es increíble	58
El año llueve días nostálgicos	58
Solo en medio del salón	58
Mientras camino y canto	58
Observabas esa guitarra	58
Hoy una ignorada computadora	58
Nací hace veintiocho años	59
Todos comenzamos a nacer de nuevo	59
Tratamos de vivir en la poesía	59
Es la hora en que iba a buscarte	59
Diecisiete de enero	60
LOS TERRITORIOS (1982)	61
territorios (introducción)	63
territorio del hombre	65
territorio del poeta	66
territorio de la esperanza	67
territorio de la libertad	68
territorio de las palabras	69
territorio de la verdad	70
territorios del tiempo	71
LOS QUE NO VEMOS DEBAJO DEL AGUA (1986)	72
I. Desencuentros	73
Bautismo	73
Comienzo por alumbrar los tiempos	73
Observo tu imagen	73
No preguntes por mí	74
Demoras	74
Tanta palabra	75

Para la historia de los libros	75
No hablemos más de amor	76
Este inquebrantable afán	76
El barco de los días	77
Mañana del 21 de agosto leyendo a Cavafi	78
Los que no vemos debajo del agua	79
En el borde del precipicio	79
II .Tiempo de mareas	80
1	80
2	81
3	81
4	81
5	82
6	82
7	83
III. De trenes y viajes	84
1	84
2	84
3	85
4	85
5	85
6	86
7	86
8	87
9	87
10	88
11	88
12	89
IV. Los que no vemos debajo del agua	90
La verdad absoluta	91
La verdad es una inquietud permanente	91
Desde hoy	91
Meditación a media voz	92
La verdad es igual	93
Bajo sospecha	94
La voz de todos	95
En un día como hoy	95
V. Destos tiempos	96
Ubi bene ibi patria	96
Para esta noche igual para estos días	96

Para estas ropas de colores	97
Para esta noche para todos los mañanas	97
Ofrenda	98
VI. Post datas	99
Come nuestro pan y crece	100
No hay violencia sin violencia	100
En el papel tu nombre con mis letras	102
EN BOGOTA A VUELO DE PAJARO	103
1	105
2	106
3	106
4	107
5	107
6	108
7	108
8	109
9	109
10	109
12	110
12	110
13	111
14	111
15	111
16	112
17	112
LA HOJA DE PAPEL	113
I. Hojas Sueltas	114
Acerca del oficio	114
Si no sintiera esta hambre	115
Veinte días después	116
Aquí entre nos	116
Estaciones	116
Como un galope en la hoja	116
No un regreso a modo de otros tiempos	117
Si ustedes me preguntan	117
Signos	118
Construyo mi poema como un barco	118
No tengo planos	119
Leyendo a Cardenal	120
Escribo sin palabras	121

Becqueriana	121
Libros	122
II. Temores diurnos	123
1	123
2	123
3	124
4	124
5	124
6	125
Chile 1985	125
III. La hoja de papel	126
Hoja 1	127
Hoja 2	128
Hoja 3	129
Hoja 4	130
Hoja 6	131
Hoja 5	132
Hoja 7	133
Hoja 8	134
Hoja 9	135
Hoja 10	136
Hoja 11	137
Hoja 12	138
Hoja 13	139
Hoja 14	140
Hoja 15	141
Hoja 16	142
Hojas en blanco	143
VARIACIONES SOBRE "LA VEJEZ DE NARCISO"	149
I	150
II	150
III	150
IV	151
V	151
VI	151
VII	152
VIII	152
IX	152
MEMORIA DE NO SER	153

Nota indispensable	156
I. Memoria de no ser	158
II. Poemas que pedí prestados	164
III. Lo que no fue	168
IV. El país que he habitado	174
De la poesía actual del sur de Chile	175
Veinte años de poesía del sur	178
V. Fantasmas	182
VI. A modo de final	187

Otros títulos publicados por
Ediciones Nuevo Espacio

Benedicto Sabayachi y la mujer stradivarius
  Hernán Garrido-Lecca - Perú
Beyond Jet-Lag
  Concha Alborg - España
Buenos Aires
  Sergio Román Palavecino - Argentina
Como olas del mar que hubo
  Luis Felipe Castillo - Venezuela
Correo electrónico para amantes
  Beatriz Salcedo-Strumpf - México
Cuentos de tierra, agua.... y algunos muertos
  Corcuera, Gorches, Rivera Mansi, Silanes - México
El dulce arte de los dedos chatos / CDLibro
  Baldomiro Mijangos - México
En compañía de Angeles
  Julio Angel Olivares Merino - España
Exilio en Bowery
  Israel Centeno - Venezuela
La lengua de Buka
  Carlos Mellizo - España
La última conversación
  Aaron Chevalier - España
Los mosquitos de orixá Changó
  Carlos Guillermo Wilson - Panamá
Melina, conversaciones con el ser que serás
  Priscilla Gac-Artigas - Puerto Rico
Prepucio carmesí
  Pedro Granados - Perú
Ropero de un lacónico
  Luis Tomás Martínez - Republica Dominicana
Simposio de Tlacuilos
  Carlos López Dzur - USA Latino
Under False Colors
  Peter A. Neissa - USA (Eng.)

Un día después de la inocencia
　　　　　　　　　Herbert O. Espinoza - Ecuador
Viaje a los Olivos
　　　　　　　　　Gerardo Cham - México
Visiones y Agonías
　　　　　　　　　Héctor Rosales - Uruguay
Yo, Alejandro
　　　　Alejandro Gac-Artigas - Latino - USA (Eng.)

Academia:

Caos y productividad cultural
　　　　　　　　　Holanda Castro - Venezuela
The Ricardo Sánchez Reader / CDBook
　　　　　　　　　Arnoldo Carlos Vento - USA

http://www.editorial-ene.com
ednuevoespacio@aol.com
New Jersey, USA

Disponibles a través de:
www.editorial-ene.com
www.amazon.com
www.bn.com

www.ingramcontent.com/pod-product-compliance
Lightning Source LLC
LaVergne TN
LVHW011419080426
835512LV00005B/142